大方廣佛華嚴經 第八十卷 靈相

入法界品之二十一

KB211631

大方廣佛華嚴經

일러두기

1. 『대방광불화엄경 강설』원문原文의 저본底本은 근세에 교정이 가장 잘 되었다고 정평이 나 있는 대만臺灣의 불타교육기금회佛陀敎育基金會에서 출판한 『화엄경소초華嚴經疏鈔』본입니다.

2. 『대방광불화엄경 강설』은 실차난타實叉難陀가 695년부터 699년까지 4년에 걸쳐 번역해 낸 80권본卷本 『대방광불화엄경』을 우리말로 옮기고 강설을 붙인 것입니다.

3. 『대방광불화엄경』은 애초 산스크리트에서 한역漢譯된 경전이지만 현재 산스크리트본은 소실된 상태입니다. 산스크리트를 음차한 경우 굳이 원래 소리를 표기하려고 하기보다는 『표준국어대사전』이나 『불교사전』등에 등재된 한자음을 사용하는 것을 원칙으로 하였습니다.

4. 경문의 한글 번역은 동국역경원본을 참고하여 그대로 또는 첨삭을 하며 의미대로 번역하고 다듬었습니다.

5. 각 품마다 내용에 따라 단락을 나누고 제목을 달았습니다. 단락의 제목은 주로 청량淸凉스님의 견해에 기초하였고 이통현李通玄장자의 견해를 참고로 하였습니다.

6. 『대방광불화엄경 강설』의 발행 순서는 한역 경전의 편재 순서를 기준으로 하였고 각 권은 단행본 한 권씩으로 출간될 예정이며 모두 80권으로 완간됩니다. 다만 80권본에 빠져 있는 「보현행원품」은 80권본 완역 및 강설 후 시리즈에 포함돼 추가될 예정입니다.

7. 『대방광불화엄경 강설』안에서 불교용어를 풀이한 것은 운허스님이 저술하고 동국역경원에서 편찬한 『불교사전』을 인용하였습니다.

8. 각주의 청량스님의 소疏는 대만에서 입력한 大方廣佛華嚴經 사이트의 것을 사용하였습니다.

9. 『대방광불화엄경 강설』입법계품에 들어가는 문수지남도는 북송北宋시대 불국佛國선사가 선재동자가 53명의 선지식을 친견하여 법을 구하는 장면을 하나하나 그림으로 그린 것입니다.

대방광불화엄경 강설
제 80 권

三十九. 입법계품入法界品 21

실차난타實叉難陀 한역
무비스님 강설

서문

찰진심념가수지 刹塵心念可數知

대해중수가음진 大海中水可飲盡

허공가량풍가계 虛空可量風可繫

무능진설불공덕 無能盡說佛功德

세계의 먼지 수 같은 마음 다 헤아려 알고

큰 바닷물까지 남김없이 다 마시고

허공을 다 헤아려 알고 바람을 얽어맬 수 있어도

부처님의 공덕은 다 설명할 수 없도다.

80권 화엄경의 마지막 게송입니다. 불가설 불가설 불찰미
진수와 같이 많고 많은 보살들 중에 가장 위대하시고 또한
부처님의 장자長子이신 보현보살이 부처님의 공덕을 이와 같
이 말씀하였습니다.

2천6백여 년 전에 인도에서 출현하신 석가모니 부처님으로
부터 마음과 부처와 중생이 모두 차별 없이 동등한 부처님이
라는 부처님과, 나도 그대도 선한 이도 악한 이도 모두 부처

님이라는 부처님과, 산천초목 산하대지 두두물물頭頭物物이
모두 부처님이라는 부처님에 이르기까지, 그 어떤 부처님의
공덕도 똑같이 이와 같아서 다 가히 설명할 수가 없습니다.

　약유문사공덕해若有聞斯功德海

　이생환희신해심而生歡喜信解心

　여소칭양실당획如所稱揚悉當獲

　신물어차회의념愼勿於此懷疑念

　만약 이러한 공덕 바다를 누가 듣고서

　환희하며 믿는 마음 내는 이들은

　위에서 말한 공덕을 모두 얻게 되리니

　진실로 여기에서 의심 내지 말지라.

　우리는 모두가 본래로 부처님이니, 이 엄연한 사실을 굳게
믿고 이해하고 그 공덕도 또한 본래 가지고 있음을 굳게 믿
고 이해하고 깊이 깨달아서 부처님으로 사십시다.

2018년 1월 20일

신라 화엄종찰 금정산 범어사

如天 無比

대방광불화엄경 목차

대방광불화엄경 강설 제80권

三十九. 입법계품入法界品 21

대방광불화엄경 강설

제80권

三十九. 입법계품 21

문수지남도 제53, 선재동자가 보현보살을 친견하다.

53. 보현보살普賢菩薩

현인광대상顯因廣大相 선지식

1) 가르침에 의지하여 먼저 문수보살을 찾다

(1) 선재동자가 일백일십 성城을 지나다

이시   선재동자   의미륵보살마하살교
爾時에 **善財童子**가 **依彌勒菩薩摩訶薩敎**하야

점차이행   경유일백일십여성이   도보문
漸次而行하야 **經遊一百一十餘城已**하고 **到普門**

국소마나성   주기문소   사유문수사리
國蘇摩那城하야 **住其門所**하야 **思惟文殊師利**하야

수순관찰   주선구멱   희욕봉근
隨順觀察하며 **周旋求覓**하야 **希欲奉覲**하니라

그때에 선재동자는 미륵보살마하살의 가르침에 의지

하여 점점 나아가 일백일십여 성城을 지나서 보문국普門

國의 소마나蘇摩那성에 이르러서 그 문에 머물러 있으면서 문수사리를 생각하며 수순하여 관찰하고 두루 찾으며 뵈옵기를 희망하였습니다.

화엄경은 모든 존재는 원인과 결과가 원융하여 하나이면서 둘이고 둘이면서 하나인 이치를 밝히는 가르침으로 보살행을 닦아서 성불하는 것과 성불하고 나서 다시 보살행을 하는 일도 그와 같이 원융하다. 보현보살을 '현인광대상顯因廣大相 선지식'이라고 한 것은 미륵보살까지 성불이 끝나고 다시 보현보살이 등장하여 성불의 광대한 원인인 보살행을 드러내는 모습을 밝힌 뜻이라는 의미이다.

53번째 선지식인 보현보살을 친견하기 전에 미륵보살은 선재동자에게 문수보살을 다시 친견하기를 권하였다. 그래서 선재동자는 문수보살을 먼저 찾아 나선 것이다. 일백일십여 성城을 지나서 보문국의 소마나성에 이르렀다.

청량스님의 소疏에, "소마나蘇摩那성에 이르렀다는 것은 여기 말로는 열의悅意이니 곧 꽃의 이름이다. 지혜가 하나의 성품을 비추어 본심을 기쁘게 하는 까닭이니 곧 덕생德生의

성이다. 어떤 책에는 이르기를, '보문국에 이르렀다는 것은 모든 차별을 거두어 둘이 없는 모습에 돌아감을 나타내므로 곧 보문普門이라 한 까닭이다.'"[1]라고 하였다.

(2) 문수보살이 선재동자의 이마를 만져 인가하다

是時에 文殊師利가 遙伸右手하사 過一百一十 由旬하야 按善財頂하며 作如是言하시니라

시시 是時에
문수사리 文殊師利가
요신우수 遙伸右手하사
과일백일십 過一百一十
유순 由旬하야
안선재정 按善財頂하며
작여시언 作如是言하시니라

이때에 문수사리가 멀리서 오른손을 펴서 일백일십 유순을 지나서 선재동자의 이마를 만지면서 이와 같이 말하였습니다.

선재동자가 미륵보살의 가르침대로 묵묵히 다시 처음 만났던 문수보살만을 생각하고 찾아오니 문수보살은 멀리서 손을 펴서 선재동자의 이마를 만지며 인가하고 증명하여 찬

---

1)【到蘇摩那】者, 此云悅意. 即華名也. 謂智照一性, 悅本心故. 即德生城. 有本云至普門國. 顯攝諸差別, 歸無二相, 即普門.

17
三十九. 입법계품入法界品 21

탄하였다.

선재동자의 수많은 장점 중에 특히 뛰어난 점은 쉼 없이 선지식을 찾는다는 것이다. 그토록 많은 선지식을 찾아 법을 묻고 깨달음을 얻었으나 지칠 줄 모르고 또다시 찾아 나서는 신심과 정진의 마음과 초심을 잊지 않는 마음과 끝없이 배우겠다는 그 마음이다. 그러므로 문수보살은 그에게 인가하여 이마를 만진 것이다.

(3) 선재동자를 찬탄하고 법문을 가르쳐 보이다

선재선재　　　선남자　　약이신근　　　심열우회
善哉善哉라 **善男子**여 **若離信根**이런들 **心劣憂悔**

　　공행불구　　　퇴실정근　　　어일선근　심생
하며 **功行不具**하며 **退失精勤**하며 **於一善根**에 **心生**

주착　　　어소공덕　　변이위족
住着하며 **於少功德**에 **便以爲足**하며

"훌륭하고 훌륭합니다. 선남자여, 만약 믿음의 뿌리를 여의었던들 마음이 용렬하고 근심하고 후회하여 공을 닦는 행을 갖추지 못하고, 정근에서 퇴타하여 한 가지 선근에도 마음이 집착하고 조그만 공덕에도 곧 만족하였을 것입니다."

문수보살이 선재동자를 인가하며 찬탄하는 내용이다. 만약 선지식을 믿는 신심의 뿌리가 없었더라면 어떻게 되었겠는가. 이와 같이 먼저 신심을 찬탄하고 만약 신심이 없었다면 그 뒤에 선재동자가 이루고 증득한 모든 공덕과 깨달음은 한 가지도 얻지 못했을 것이라는 점을 밝혔다.

불능선교   발기행원   불위선 지 식 지 소 섭
不能善巧로 發起行願하며 不爲善知識之所攝

호   불 위 여 래 지 소 억 념
護하며 不爲如來之所憶念하며

"뛰어난 수단과 방법[善巧]으로 행行과 원願을 일으키지 못하며, 선지식의 거두어 주고 보호함도 받지 못하며, 여래의 생각하심도 되지 못했을 것입니다."

선재동자가 만약 한 가지 선근에 마음이 집착하고 조그

만 공덕에 곧 만족하기만 하였다면 뛰어난 수단과 방법으로 보살의 행원을 일으키지 못하였을 것이다. 그리고 보살의 행원을 일으키지 못하였다면 선지식이 거두어 주거나 여래께서 생각하심은 기대할 수 없었을 것이다.

불 능 요 지 여 시 법 성　여 시 이 취　여 시 법 문
不能了知如是法性과 **如是理趣**와 **如是法門**과

여 시 소 행　여 시 경 계
如是所行과 **如是境界**하며

"능히 이와 같은 법의 성품과 이와 같은 이치와 이와 같은 법문과 이와 같은 수행과 이와 같은 경계를 알지 못하였을 것입니다."

경문에서의 "이와 같은 법의 성품과 이와 같은 이치와 이와 같은 법문과 이와 같은 수행과 이와 같은 경계"라는 말은 그동안 선재동자가 깨달은 내용을 모두 생략해서 지칭하는 말이다.

약 주 변 지　　약 종 종 지　　약 진 원 저　　약 해 료
若周徧知와 若種種知와 若盡源底와 若解了와

약 취 입　　약 해 설　　약 분 별　　약 증 지　　약 획 득
若趣入과 若解說과 若分別과 若證知와 若獲得을

개 실 불 능
皆悉不能일러니라

"두루 앎과 갖가지 앎과 근원까지 다함과 분명하게
이해함과 들어감과 해설함과 분별함과 증득함과 얻은
것을 모두 다할 수 없었을 것입니다."

그동안 선재동자가 많은 선지식을 친견하면서 이와 같은
법의 성품과 이와 같은 이치와 이와 같은 법문과 이와 같은
수행과 이와 같은 경계를 두루두루 알고, 가지가지로 알고,
근원까지 철저히 밝히고, 깨달아 알고, 경계에 들어가는 것
을 다 능히 할 수 없었을 것이며, 또한 해설이라든가 분별이
라든가 증득이라든가 얻은 것 등을 모두 다할 수 없었을 것
임을 밝혔다.

(4) 이익을 맺고 근본으로 돌아가다

시 시　문 수 사 리　선 설 차 법　시 교 이 희
是時에 **文殊師利**가 **宣說此法**하야 **示教利喜**하사

영 선 재 동 자　성 취 아 승 지 법 문　구 족 무 량 대
令善財童子로 **成就阿僧祇法門**하며 **具足無量大**

지 광 명
智光明하야

이때에 문수사리가 이 법을 설하여 보여 주고, 가르쳐 주고, 이익하게 하고, 기쁘게 하여 선재동자로 하여금 아승지 법문을 성취하게 하고 한량없는 큰 지혜의 광명을 구족하게 하였습니다.

보여 주고, 가르쳐 주고, 이익하게 하고, 기쁘게 한다는 시교이희示教利喜는 설법의 네 가지 덕을 나타내는 말이다. 시示는 법을 보여 주는 것이고, 교教는 가르쳐서 알게 하는 것이고, 이利는 교도教導하여 이익하게 하는 것이고, 희喜는 행하는 것을 보고 찬탄하여 기쁘게 하는 것이다. 그것으로써 문수보살은 선재동자로 하여금 헤아릴 수 없이 많은 법문을 성취하게 하고 한량없는 지혜 광명을 갖추게 하였다.

영득보살무변제다라니   무변제원   무변제
令得菩薩無邊際陀羅尼와 **無邊際願**과 **無邊際**

삼매   무변제신통   무변제지   영입보현행
三昧와 **無邊際神通**과 **無邊際智**하며 **令入普賢行**

도량   급치선재자소주처   문수사리   환
道場하며 **及置善財自所住處**하시고 **文殊師利**가 **還**

섭불현
攝不現이시니라

보살의 그지없는 다라니와 그지없는 원과 그지없는
삼매와 그지없는 신통과 그지없는 지혜를 얻게 하였으
며, 보현행의 도량에 들어가게 하였다가 선재동자를 자
신이 머무는 곳에 두고는 문수사리는 모습을 거두고 나
타나지 않았습니다.

문수보살은 선재동자에게 그지없는 다라니와 그지없는
원과 그지없는 삼매와 그지없는 신통과 그지없는 지혜를 얻
게 하였다. 또 선재동자를 보현행의 도량에 들어가게 하였
다. 그리고는 또 자신이 머무는 곳에 선재동자를 두고는 자
신의 모습을 거두고 다시는 나타나지 않았다. 이것이 선재

동자가 문수보살을 재차 친견하게 된 사연의 전부이다.

(5) 더욱 수승한 인연을 만나다

於是_에 善財_가 思惟觀察_{하야} 一心願見文殊師

利_{러니} 及見三千大千世界微塵數諸善知識_{하고}

悉皆親近_{하야} 恭敬承事_{하며} 受行其敎_{하야} 無有違

逆_{하니라}

이에 선재동자는 생각하고 관찰하면서 일심으로 문수사리를 친견하려 하였는데, 또한 삼천대천세계의 미진수와 같이 많은 모든 선지식을 친견하고, 모두 친하고 가까이하여 공경하며 받들어 섬기고, 그들의 가르침을 받아 행하고, 어기거나 거스르지 아니하였습니다.

선재동자는 일심으로 문수보살을 친견하려고 원하였는데 오히려 삼천대천세계의 미진수와 같이 많고 많은 모든 선지식을 친견하고, 모두 친하고 가까이하여 공경하며 받들어 섬기고, 그들의 가르침을 받아 행하게 되었다. 선지식을 보는 안목만 열린다면 어디엔들 선지식이 없으며 무엇인들 선지식이 아니겠는가. 이 내용은 61권에서 처음 문수보살을 친견하고 문수보살의 가르침에 따라 52명의 선지식을 친견하게 된 내력이며, 앞으로도 계속하여 이와 같이 무수한 선지식을 친견하게 되는 행로를 밝힌 것이다. 수행자의 삶은 자고로 이와 같아야 한다는 뜻이다.

2) 보현보살普賢菩薩을 찾다

(1) 선지식을 친견하고 얻은 경지를 밝히다

증 장 취 구 일 체 지 혜　　광 대 비 해　　익 대 자 운
增長趣求一切智慧하며 **廣大悲海**하며 **益大慈雲**

보 관 중 생　　생 대 환 희　　안 주 보 살 적 정 법
하며 **普觀衆生**하야 **生大歡喜**하며 **安住菩薩寂靜法**

문　　보 연 일 체 광 대 경 계
門하며 **普緣一切廣大境界**하며

일체 지혜에 나아가 구하여 증장하며, 크게 가없이 여기는 바다를 넓히고, 크게 인자한 구름을 더하고, 중생을 두루 살피며, 매우 환희하고, 보살의 고요한 법문에 편안히 머물렀으며, 모든 광대한 경계를 널리 반연하였습니다.

　　선재동자는 삼천대천세계의 미진수와 같이 많고 많은 모든 선지식을 친견하고, 모두 친하고 가까이하여 공경하며 받들어 섬기게 되므로 이와 같은 경지에 이른 것이다. 불법을 공부하는 일, 즉 선지식을 친견하는 일은 일체 지혜와 대자대비와 중생들을 살피고 환희하는 마음을 내고 적정법문에 안주하는 등의 경지를 얻게 된다.

　　문수보살은 특별히 보현보살 선지식을 찾아가라고 지칭하여 말하지는 않았다. 그러나 앞에서 문수보살이 선재동자에게 "보살의 그지없는 다라니와 그지없는 원과 그지없는 삼매와 그지없는 신통과 그지없는 지혜를 얻게 하였으며, 또 보현행의 도량에 들어가게 하였다."라는 말이 있었다. 보살행이란 모든 선지식을 친견하여 일체 법을 다 얻고는 자연스럽게 보현행으로 회향하게 되는 것이다. 그러므로 그 뜻을 보현보살 선지식을 친견하게 하는 것으로 삼은 것이다.

학 일 체 불 광 대 공 덕　　　입 일 체 불 결 정 지 견
學一切佛廣大功德하며 入一切佛決定知見하며

증 일 체 지 조 도 지 법　　　선 수 일 체 보 살 심 심
增一切智助道之法하며 善修一切菩薩深心하며

지 삼 세 불 출 흥 차 제
知三世佛出興次第하며

　모든 부처님의 광대한 공덕을 배우며, 모든 부처님
의 결정하게 알고 보는 데 들어갔으며, 일체 지혜와 도
를 돕는 법을 증장하며, 모든 보살의 깊은 마음을 잘 닦
으며, 세 세상 부처님의 출현하시는 차례를 알게 되었
습니다.

입 일 체 법 해　　　전 일 체 법 륜　　　생 일 체 세 간
入一切法海하며 轉一切法輪하며 生一切世間하며

입 어 일 체 보 살 원 해　　　주 일 체 겁　　　수 보 살 행
入於一切菩薩願海하며 住一切劫하야 修菩薩行하며

조 명 일 체 여 래 경 계
照明一切如來境界_{하며}

　모든 법의 바다에 들어가며, 일체 법륜을 굴리며, 모든 세간에 태어나며, 모든 보살의 서원 바다에 들어가며, 모든 겁에 머물면서 보살의 행을 닦으며, 모든 여래의 경계를 밝게 비추었습니다.

장 양 일 체 보 살 제 근　　획 일 체 지 청 정 광 명
長養一切菩薩諸根_{하며} **獲一切智淸淨光明**_{하며}

보 조 시 방　　제 제 암 장　　지 주 법 계　　어 일 체
普照十方_{하야} **除諸暗障**_{하며} **智周法界**_{하며} **於一切**

불 찰 일 체 제 유　　보 현 기 신　　미 부 주 변
佛刹一切諸有_에 **普現其身**_{하야} **靡不周徧**_{하며}

　모든 보살의 근기를 기르며, 일체 지혜의 청정한 광명을 얻고, 시방을 두루 비추어 모든 어두움을 없애며, 지혜가 법계에 두루 하여 모든 세계의 일체 모든 존재에 그 몸을 널리 나타내어 두루 하지 않은 데가 없었습니다.

최 일 체 장　　입 무 애 법　　주 어 법 계 평 등 지 지
摧一切障하며 **入無礙法**하며 **住於法界平等之地**

　관 찰 보 현 해 탈 경 계
하며 **觀察普賢解脫境界**하니라

　모든 장애를 부수고 걸림 없는 법에 들어가 법계의
평등한 경지에 머물면서 보현의 해탈 경계를 관찰하였
습니다.

　선지식을 친견하여 얻은 경지란 부처님의 광대한 공덕을
배우며, 모든 부처님의 결정하게 알고 보는 데 들어가며, 일
체 지혜와 도를 돕는 법을 증장하며, 모든 법의 바다에 들어
가며, 일체 법륜을 굴리며, 모든 세간에 태어나는 등 일체 불
법의 모든 것을 남김없이 다 얻고 다 보고 다 깨닫고 다 행
하는 일이다. 그리고 궁극에 가서는 최후의 선지식인 보현보
살의 해탈 경계를 밝게 관찰하여 아는 경지이다.

(2) 보현보살 친견하기를 갈망하다

즉 문 보 현 보 살 마 하 살 의   명 자   행 원   조 도
卽聞普賢菩薩摩訶薩의 名字와 行願과 助道와

정 도   제 지   지 방 편   지 입   지 승 진   지 주
正道와 諸地와 地方便과 地入과 地勝進과 地住와

지 수 습   지 경 계   지 위 력   지 동 주   갈 앙 욕
地修習과 地境界와 地威力과 地同住하야 渴仰欲

견 보 현 보 살
見普賢菩薩하니라

곧 보현보살마하살의 이름과, 행원과, 도를 돕는 것
과, 바른 도와, 모든 지위[地]와, 지위의 방편과, 지위에
들어감과, 지위의 더 나아감과, 지위에 머무름과, 지위
의 닦아 익힘과, 지위의 경계와, 지위의 위력과, 지위에
함께 머무름을 듣고는 보현보살을 친견하기를 갈망하였
습니다.

선재동자가 보현보살마하살의 해탈 경계를 관찰하여 알
고 그의 이름과 행원과 도를 돕는 것과 바른 도와 모든 지위
등에 대해서 듣고는 그를 친견하기를 갈망하였음을 밝혔다.
그리고 그 갈망하는 마음을 아래에 낱낱이 열거하였다.

즉 어 차 금 강 장 보 리 장　비 로 자 나 여 래 사 자 좌
卽於此金剛藏菩提場　毘盧遮那如來獅子座

전　일 체 보 련 화 장 좌 상　기 등 허 공 계 광 대 심
前　一切寶蓮華藏座上에 起等虛空界廣大心과

사 일 체 찰 이 일 체 착 무 애 심
捨一切刹離一切着無礙心과

곧 이 금강장 보리도량에서 비로자나여래의 사자좌
앞에 있는 모든 보배연화장자리 위에 앉아서 허공계와
같은 광대한 마음과, 모든 세계를 버리고 모든 애착을
떠난 걸림 없는 마음과,

보 행 일 체 무 애 법 무 애 심　변 입 일 체 시 방 해
普行一切無礙法無礙心과 徧入一切十方海

무 애 심　보 입 일 체 지 경 계 청 정 심　관 도 량 장 엄
無礙心과 普入一切智境界淸淨心과 觀道場莊嚴

명 료 심
明了心과

모든 걸림 없는 법에 두루 행하려는 걸림 없는 마음
과, 모든 시방 바다에 두루 들어가려는 걸림 없는 마음

과, 모든 지혜의 경계에 널리 들어가려는 청정한 마음과, 도량의 장엄을 보려는 분명한 마음과,

입 일 체 불 법 해 광 대 심   화 일 체 중 생 계 주 변
入一切佛法海廣大心과 **化一切衆生界周徧**

심   정 일 체 국 토 무 량 심   주 일 체 겁 무 진 심   취
心과 **淨一切國土無量心**과 **住一切劫無盡心**과 **趣**

여 래 십 력 구 경 심
如來十力究竟心하니라

　모든 부처님의 법 바다에 들어가려는 광대한 마음과, 모든 중생세계를 교화하려는 두루 한 마음과, 모든 국토를 깨끗이 하려는 한량없는 마음과, 모든 겁에 머물려는 끝없는 마음과, 여래의 열 가지 힘에 나아가려는 구경究竟의 마음을 일으켰습니다.

　마지막 선지식이며 불법의 궁극적 경지인 보현보살의 해탈 경계를 알고는 그를 친견하려는 갈망하는 마음을 열한 가지로 들어 밝혔다.

(3) 열 가지 상서로운 모양을 보다

선재동자　　기여시심시　　유자선근력　　일체
善財童子가 起如是心時에 由自善根力과 一切

여래소가피력　　보현보살동선근력고　　견십종
如來所加被力과 普賢菩薩同善根力故로 見十種

서상　　　　하등　　위십
瑞相하니 何等이 爲十고

선재동자가 이런 마음을 일으킬 적에 자기의 착한 뿌리의 힘과 모든 여래의 가피하신 힘과 보현보살과 같이 착한 뿌리를 심은 힘으로 열 가지 상서로운 모양을 보았습니다. 무엇이 열입니까.

선재동자가 보현보살을 친견하려는 간절한 열 가지 마음을 일으키니 자신의 선근의 힘과 일체 여래의 가피의 힘과 보현보살과 같이 선근을 심은 힘으로 열 가지 상서를 보게 되었음을 밝혔다.

소위견일체불찰청정　　일체여래　　성정등각
所謂見一切佛刹淸淨에 一切如來가 成正等覺하며

이른바 일체 세계가 청정하여 모든 여래의 정등각 이룸을 보고,

견 일 체 불 찰 청 정　　무 제 악 도
見一切佛剎清淨에 **無諸惡道**하며

일체 세계가 청정하여 모든 악도가 없음을 보고,

견 일 체 불 찰 청 정　　중 묘 연 화　　이 위 엄 식
見一切佛剎清淨에 **衆妙蓮華**로 **以爲嚴飾**하며

일체 세계가 청정하여 여러 가지 묘한 연꽃으로 장엄함을 보고,

견 일 체 불 찰 청 정　　일 체 중 생　　신 심 청 정
見一切佛剎清淨에 **一切衆生**의 **身心清淨**하며

일체 세계가 청정하여 모든 중생의 몸과 마음이 청정함을 보고,

견 일 체 불 찰 청 정　　종 종 중 보 지 소 장 엄
見一切佛刹淸淨에 種種衆寶之所莊嚴하며

일체 세계가 청정하여 가지가지 온갖 보배로 장엄함을 보고,

견 일 체 불 찰 청 정　　일 체 중 생　　제 상 엄 신
見一切佛刹淸淨에 一切衆生이 諸相嚴身하며

일체 세계가 청정하여 모든 중생이 여러 가지 모습으로 몸을 장엄함을 보고,

견 일 체 불 찰 청 정　　제 장 엄 운　　이 부 기 상
見一切佛刹淸淨에 諸莊嚴雲으로 以覆其上하며

일체 세계가 청정하여 모든 장엄 구름이 그 위에 덮인 것을 보고,

견 일 체 불 찰 청 정　　일 체 중 생　　호 기 자 심
見一切佛刹淸淨에 一切衆生이 互起慈心하야

체 상 이 익　　불 위 뇌 해
遞相利益하야 **不爲惱害**하며

　일체 세계가 청정하여 모든 중생이 서로 인자한 마음을 내어 서로서로 이익하게 하여 해롭게 하지 않음을 보고,

견 일 체 불 찰 청 정　　도 량 장 엄
見一切佛刹淸淨에 **道場莊嚴**하며

일체 세계가 청정하여 도량이 장엄함을 보고,

견 일 체 불 찰 청 정　　일 체 중 생　　심 상 염 불
見一切佛刹淸淨에 **一切衆生**이 **心常念佛**이니

시 위 십
是爲十이니라

　일체 세계가 청정하여 모든 중생이 마음에 부처님을 항상 생각함을 보았으니, 이것이 열 가지입니다.

선재동자가 보현보살을 친견하려는 간절한 마음을 일으키니 그에 따라 열 가지 상서로운 모습이 나타남을 보았다. 지성至誠이면 감천感天이라는 말 그대로다. 보현보살을 친견하려고 하는 마음만을 내었는데도 그와 같은 상서로운 모습이 나타났으니, 만약 보현보살을 직접 친견하게 되면 어떠할까.

(4) 열 가지 광명 모양을 보다

우 견 십 종 광 명 상　　　하 등　　위 십
又見十種光明相하니 **何等**이 **爲十**고

또 열 가지 광명의 모양을 보았으니, 무엇이 열입니까.

소 위 견 일 체 세 계 소 유 미 진　　일 일 진 중　　출
所謂見一切世界所有微塵의 **一一塵中**에 **出**

일 체 세 계 미 진 수 불 광 명 망 운　　주 변 조 요
一切世界微塵數佛光明網雲하야 **周徧照耀**하며

이른바 모든 세계에 아주 작은 티끌이 있는데 낱낱

티끌 속에서 모든 세계의 티끌 수 같은 부처님의 광명
그물 구름을 내어 두루 비춤을 보았습니다.

一一塵中에 出一切世界微塵數佛光明輪雲하야
일 일 진 중　출 일 체 세 계 미 진 수 불 광 명 륜 운

種種色相이 周徧法界하며
종 종 색 상　주 변 법 계

　　낱낱 티끌 속에서 모든 세계의 티끌 수 같은 부처님
의 광명 바퀴 구름을 내어 갖가지 빛깔이 법계에 두루
함을 보았습니다.

一一塵中에 出一切世界微塵數佛色像寶雲하야
일 일 진 중　출 일 체 세 계 미 진 수 불 색 상 보 운

周徧法界하며
주 변 법 계

　　낱낱 티끌 속에서 모든 세계의 티끌 수 같은 부처님
의 형상 보배 구름을 내어 법계에 두루 함을 보았습니다.

일일진중　출일체세계미진수불광염륜운
一一塵中에 出一切世界微塵數佛光焰輪雲하야

주변법계
周徧法界하며

낱낱 티끌 속에서 모든 세계의 티끌 수 같은 부처님
의 불꽃 바퀴 구름을 내어 법계에 두루 함을 보았습니다.

일일진중　출일체세계미진수중묘향운
一一塵中에 出一切世界微塵數衆妙香雲하야

주변시방　　칭찬보현일체행원대공덕해
周徧十方하야 稱讚普賢一切行願大功德海하며

낱낱 티끌 속에서 모든 세계의 티끌 수 같은 묘한 향
구름을 내어 시방에 두루 하여 보현의 모든 행과 원과
큰 공덕 바다를 칭찬함을 보았습니다.

일일진중　출일체세계미진수일월성수운
一一塵中에 出一切世界微塵數日月星宿雲하야

개 방 보 현 보 살 광 명　　변 조 법 계
皆放普賢菩薩光明_{하야} **徧照法界**_{하며}

　　낱낱 티끌 속에서 모든 세계의 티끌 수 같은 일월성
신 구름을 내는데 모두 보현보살의 광명을 놓아 법계를
두루 비춤을 보았습니다.

일 일 진 중　　출 일 체 세 계 미 진 수 일 체 중 생 신 색
一一塵中_에 **出一切世界微塵數一切衆生身色**

상 운　　　방 불 광 명　　변 조 법 계
像雲_{하야} **放佛光明**_{하야} **徧照法界**_{하며}

　　낱낱 티끌 속에서 모든 세계의 티끌 수 같은 일체 중
생 몸 형상 구름을 내어 부처님의 광명을 놓아 법계를
두루 비춤을 보았습니다.

일 일 진 중　　출 일 체 세 계 미 진 수 일 체 불 색 상 마
一一塵中_에 **出一切世界微塵數一切佛色像摩**

니 운　　　주 변 법 계
尼雲_{하야} **周徧法界**_{하며}

낱낱 티끌 속에서 모든 세계의 티끌 수 같은 여러 부처님의 형상 마니 구름을 내어 법계에 가득함을 보았습니다.

일일진중　출일체세계미진수보살신색상
一一塵中에 出一切世界微塵數菩薩身色像

운　충만법계　영일체중생　개득출리
雲하야 充滿法界하야 令一切衆生으로 皆得出離하야

소원만족
所願滿足하며

낱낱 티끌 속에서 모든 세계의 티끌 수 같은 보살의 몸 형상 구름을 내어 법계에 가득하며, 일체 중생으로 하여금 모두 벗어나서 소원을 만족하게 함을 보았습니다.

일일진중　출일체세계미진수여래신색상
一一塵中에 出一切世界微塵數如來身色像

운　설일체불광대서원　주변법계　시위
雲하야 說一切佛廣大誓願하야 周徧法界니 是爲

십
十이니라

낱낱 티끌 속에서 모든 세계의 티끌 수 같은 여래의 몸 형상 구름을 내어 일체 부처님의 광대한 서원을 설하여 법계에 두루 함을 보았습니다. 이것이 열입니다.

선재동자가 보현보살을 친견하려는 간절한 마음을 일으키고, 열 가지 상서로운 모습이 나타남을 보았다. 그러고는 다시 열 가지 광명 모양을 낱낱이 보게 되었음을 밝혔다. 이것으로써 보현보살이 얼마나 위대한 선지식인가를 짐작하기에 충분하다 하겠다.

3) 보현보살을 친견하다

(1) 보현보살의 지위에 머물다

시   선 재 동 자   견 차 십 종 광 명 상 이   즉 작
時에 善財童子가 見此十種光明相已하고 卽作

시 념   아 금 필 견 보 현 보 살   증 익 선 근   견
是念호대 我今必見普賢菩薩하야 增益善根하며 見

일 체 불   어 제 보 살 광 대 경 계   생 결 정 해   득
一切佛하야 於諸菩薩廣大境界에 生決定解하야 得

일 체 지
一切智로다

이때에 선재동자가 이 열 가지 광명의 모양을 보고
는 곧 이러한 생각을 하였습니다. '나는 이제 반드시 보
현보살을 친견하고 착한 뿌리를 더할 것이며, 모든 부
처님을 친견하여 모든 보살의 광대한 경계에 대하여 결
정한 지혜를 내어 일체 지혜를 얻을 것이다.'

선재동자가 열 가지 광명이 나타난 것을 보고 나서 보현
보살을 반드시 친견하려는 목적을 정리하여 밝혔다.

어 시   선 재   보 섭 제 근   일 심 구 견 보 현 보
於時에 善財가 普攝諸根하야 一心求見普賢菩

살   기 대 정 진   심 무 퇴 전   즉 이 보 안   관
薩호대 起大精進하야 心無退轉하야 卽以普眼으로 觀

찰 시 방 일 체 제 불 제 보 살 중　소 견 경 계　　개 작
察十方一切諸佛諸菩薩衆의 **所見境界**하고 **皆作**

득 견 보 현 지 상
得見普賢之想하며

　이때에 선재동자가 여러 감관을 널리 거두어 일심으
로 보현보살을 친견하려고 큰 정진을 일으켜서 마음이
물러나지 아니하였고, 곧 넓은 눈으로 시방의 일체 모
든 부처님과 모든 보살들을 관찰하면서 보이는 경계마
다 모두 보현보살을 친견하는 생각을 지었습니다.

이 지 혜 안　　관 보 현 도　　기 심 광 대　　유 여
以智慧眼으로 **觀普賢道**하야 **其心廣大**가 **猶如**

허 공　　대 비 견 고　　유 여 금 강
虛空하고 **大悲堅固**가 **猶如金剛**하며

　지혜의 눈으로 보현의 도를 관찰하니 그 마음이 광
대하기가 마치 허공과 같았고, 크게 가엾이 여김이 견
고하기가 마치 금강과 같았습니다.

원 진 미 래 　　　상 득 수 축 보 현 보 살 　　염 념 수
願盡未來토록 **常得隨逐普賢菩薩**하야 **念念隨**

순 수 보 현 행 　　　성 취 지 혜 　　입 여 래 경 　　주 보
順修普賢行하며 **成就智慧**하야 **入如來境**하고 **住普**

현 지
賢地하니라

오는 세월이 끝나도록 보현보살을 항상 따라다니면서 생각 생각마다 보현의 행을 수순하여 닦고, 지혜를 성취하여 여래의 경지에 들어가서 보현의 지위에 머무르기를 서원하였습니다.

선재동자가 반드시 보현보살을 친견하고 선근을 더할 것이며, 모든 부처님을 친견하여 모든 보살의 광대한 경계에 대하여 결정한 지혜를 내어 일체 지혜를 얻을 것이라는 각오로 보현의 도를 관찰하니 그 마음이 광대하기가 마치 허공과 같았고, 크게 가엾이 여김이 견고하기가 마치 금강과 같았다. 그래서 생각 생각마다 보현의 행을 수순하여 닦고, 지혜를 성취하여 여래의 경지에 들어가서 보현의 지위에 머물기를 더욱 굳게 서원하였다.

(2) 보현보살의 경계를 보다

1〉 수승한 덕의 신상身相을 보다

時_에 善財童子_가 卽見普賢菩薩_이 在如來前衆

會之中_{하사} 坐寶蓮華獅子之座_{하사} 諸菩薩衆_의 所

共圍繞_에 最爲殊特_{하야} 世無與等_{하며} 智慧境界_가

無量無邊_{하고} 難測難思_{하야} 等三世佛_{하야} 一切菩

薩_이 無能觀察_{하니라}

이때에 선재동자가 곧 보현보살을 보니 여래 앞에 대중들이 모인 가운데서 보배연꽃사자좌에 앉았는데, 모든 보살들이 함께 둘러 모셨으며, 가장 특수하여 세간에 짝할 이가 없으며, 지혜의 경지는 한량없고 그지 없으며, 헤아리기 어렵고 생각하기 어려워 세 세상 부처님과 평등하여 일체 보살들이 능히 관찰할 수 없었습니다.

2〉 모공의 경계를 보다

견보현신   일일모공   출일체세계미진수광
見普賢身의 一一毛孔에 出一切世界微塵數光

명운   변법계허공계일체세계   제멸일체중
明雲하사 徧法界虛空界一切世界하야 除滅一切衆

생고환   영제보살   생대환희
生苦患하사 令諸菩薩로 生大歡喜하며

또 보니, 보현보살의 몸에 있는 낱낱 모공에서 일체
세계의 티끌 수 광명 구름을 내어 법계와 허공계의 모
든 세계에 두루 하며, 일체 중생들의 괴로움과 근심을
소멸하여 모든 보살들로 하여금 크게 환희하게 하였습
니다.

견일일모공   출일체불찰미진수종종색향
見一一毛孔에 出一切佛刹微塵數種種色香

염운   변법계허공계일체제불중회도량
焰雲하사 徧法界虛空界一切諸佛衆會道場하야

이이보훈
而以普熏하며

낱낱 모공에서 모든 세계의 티끌 수 같은 갖가지 빛향 불꽃 구름을 내어 법계와 허공계에 있는 일체 모든 부처님의 대중이 모인 도량에 두루 하여 널리 풍김을 보았습니다.

견 일 일 모 공　　출 일 체 불 찰 미 진 수 잡 화 운
見一一毛孔에 **出一切佛刹微塵數雜華雲**하사

변 법 계 허 공 계 일 체 제 불 중 회 도 량　　우 중 묘 화
偏法界虛空界一切諸佛衆會道場하야 **雨衆妙華**

하며

낱낱 모공에서 모든 세계의 티끌 수 같은 여러 가지 꽃 구름을 내어 법계와 허공계에 있는 일체 모든 부처님의 대중이 모인 도량에 두루 하여 여러 가지 묘한 꽃을 비 내리는 것을 보았습니다.

견 일 일 모 공　　출 일 체 불 찰 미 진 수 향 수 운
見一一毛孔에 **出一切佛刹微塵數香樹雲**하사

변 법 계 허 공 계 일 체 제 불 중 회 도 량　　　우 중 묘 향
徧法界虛空界一切諸佛衆會道場하야 **雨衆妙香**

하며

　낱낱 모공에서 모든 세계의 티끌 수 향나무 구름을
내어 법계와 허공계에 있는 일체 모든 부처님의 대중이
모인 도량에 두루 하여 여러 가지 묘한 향을 비 내리는
것을 보았습니다.

　　　견 일 일 모 공　　출 일 체 불 찰 미 진 수 묘 의 운
　　見一一毛孔에 **出一切佛刹微塵數妙衣雲**하사

변 법 계 허 공 계 일 체 제 불 중 회 도 량　　　우 중 묘 의
徧法界虛空界一切諸佛衆會道場하야 **雨衆妙衣**

하며

　낱낱 모공에서 모든 세계의 티끌 수 아름다운 옷 구
름을 내어 법계와 허공계에 있는 일체 모든 부처님의
대중이 모인 도량에 두루 하여 여러 가지 묘한 옷을 비
내리는 것을 보았습니다.

견 일 일 모 공　　출 일 체 불 찰 미 진 수 보 수 운
見一一毛孔에 **出一切佛刹微塵數寶樹雲**하사

변 법 계 허 공 계 일 체 제 불 중 회 도 량　　우 마 니 보
徧法界虛空界一切諸佛衆會道場하야 **雨摩尼寶**
하며

낱낱 모공에서 모든 세계의 티끌 수 보배 나무 구름
을 내어 법계와 허공계에 있는 일체 모든 부처님의 대
중이 모인 도량에 두루 하여 마니보배를 비 내리는 것
을 보았습니다.

견 일 일 모 공　　출 일 체 불 찰 미 진 수 색 계 천 신
見一一毛孔에 **出一切佛刹微塵數色界天身**

운　　충 만 법 계　　탄 보 리 심
雲하사 **充滿法界**하야 **歎菩提心**하며

낱낱 모공에서 모든 세계의 티끌 수 형상세계 하늘
의 몸 구름을 내어 법계에 가득하여 보리심을 찬탄함을
보았습니다.

견 일 일 모 공　　출 일 체 불 찰 미 진 수 범 천 신 운
見一一毛孔에 出一切佛刹微塵數梵天身雲하사

권 제 여 래　　　전 묘 법 륜
勸諸如來하야 轉妙法輪하며

낱낱 모공에서 모든 세계의 티끌 수 범천의 몸 구름을 내어 모든 여래에게 묘한 법륜을 굴리도록 권함을 보았습니다.

견 일 일 모 공　　출 일 체 불 찰 미 진 수 욕 계 천 왕
見一一毛孔에 出一切佛刹微塵數欲界天王

신 운　　　호 지 일 체 여 래 법 륜
身雲하사 護持一切如來法輪하며

낱낱 모공에서 모든 세계의 티끌 수 욕심세계 천왕의 몸 구름을 내어 모든 여래의 법륜을 보호하고 유지함을 보았습니다.

견 일 일 모 공　　염 념 중 출 일 체 불 찰 미 진 수 삼
見一一毛孔에 念念中出一切佛刹微塵數三

세불찰운　　변법계허공계　　위제중생　　무
世佛刹雲하사 徧法界虛空界하야 爲諸衆生하야 無

귀취자　위작귀취　　무부호자　위작부호
歸趣者에 爲作歸趣하고 無覆護者에 爲作覆護하고

무의지자　위작의지
無依止者에 爲作依止하며

　낱낱 모공에서 잠깐잠깐마다 모든 세계의 티끌 수
같은 세 세상 부처님 세계 구름을 내어 법계와 허공계
에 두루 하여 모든 중생의 돌아갈 데 없는 이에게는 돌
아갈 데를 지어 주고, 보호할 이 없는 이에게는 보호할
이를 지어 주고, 의지할 데 없는 이에게는 의지할 데를
지어 줌을 보았습니다.

　견일일모공　염념중출일체불찰미진수청정
見一一毛孔에 念念中出一切佛刹微塵數淸淨

불찰운　　변법계허공계　　일체제불　어중출
佛刹雲하사 徧法界虛空界하야 一切諸佛이 於中出

세　　보살중회　실개충만
世하사 菩薩衆會가 悉皆充滿하며

낱낱 모공에서 잠깐잠깐마다 모든 세계의 티끌 수 같은 청정한 부처님 세계 구름을 내어 법계와 허공계에 두루 하여 일체 모든 부처님이 그 가운데 출현하시고 보살 대중이 가득함을 보았습니다.

견 일 일 모 공　　염 념 중 출 일 체 불 찰 미 진 수 정
見一一毛孔에 念念中出一切佛刹微塵數淨

부 정 불 찰 운　　변 법 계 허 공 계　　영 잡 염 중 생
不淨佛刹雲하사 徧法界虛空界하야 令雜染衆生으로

개 득 청 정
皆得淸淨하며

낱낱 모공에서 잠깐잠깐마다 모든 세계의 티끌 수 같은 깨끗하면서 부정한 부처님 세계 구름을 내어 법계와 허공계에 두루 하여 섞이고 물든 중생들을 모두 청정하게 함을 보았습니다.

견 일 일 모 공　　염 념 중 출 일 체 불 찰 미 진 수 불
見一一毛孔에 念念中出一切佛刹微塵數不

청 정 불 찰 운　　변 법 계 허 공 계　　영 잡 염 중 생
清淨佛刹雲하사 **徧法界虛空界**하야 **令雜染衆生**으로

개 득 청 정
皆得清淨하며

　　낱낱 모공에서 잠깐잠깐마다 모든 세계의 티끌 수 같은 청정하지 못한 부처님 세계 구름을 내어 법계와 허공계에 두루 하여 섞이고 물든 중생들을 다 청정하게 함을 보았습니다.

　　견 일 일 모 공　　염 념 중 출 일 체 불 찰 미 진 수 부
　　見一一毛孔에 **念念中出一切佛刹微塵數不**

정 불 찰 운　　변 법 계 허 공 계　　　영 순 염 중 생
淨佛刹雲하사 **徧法界虛空界**하야 **令純染衆生**으로

개 득 청 정
皆得清淨하며

　　낱낱 모공에서 잠깐잠깐마다 모든 세계의 티끌 수 같은 부정한 부처님 세계 구름을 내어 법계와 허공계에 두루 하여 순수하거나 물든 중생들을 모두 청정하게 함을 보았습니다.

견일일모공　염념중출일체불찰미진수중
見一一毛孔에 念念中出一切佛刹微塵數衆

생신운　변법계허공계　수기소응　교화
生身雲하사 徧法界虛空界하야 隨其所應하야 敎化

중생　개령발아뇩다라삼먁삼보리심
衆生하사 皆令發阿耨多羅三藐三菩提心하며

　낱낱 모공에서 잠깐잠깐마다 모든 세계의 티끌 수
중생의 몸 구름을 내어 법계와 허공계에 두루 하여 그
마땅한 바를 따라 중생들을 교화하여 다 아뇩다라삼먁
삼보리심을 내게 함을 보았습니다.

견일일모공　염념중출일체불찰미진수보
見一一毛孔에 念念中出一切佛刹微塵數菩

살신운　변법계허공계　칭양종종제불명
薩身雲하사 徧法界虛空界하야 稱揚種種諸佛名

호　영제중생　증장선근
號하야 令諸衆生으로 增長善根하며

　낱낱 모공에서 잠깐잠깐마다 모든 세계의 티끌 수
같은 보살의 몸 구름을 내어 법계와 허공계에 두루 하

55
三十九. 입법계품入法界品 21

여 갖가지 모든 부처님의 이름을 칭찬하여 모든 중생들의 착한 뿌리를 증장하게 함을 보았습니다.

견 일 일 모 공　　염 념 중 출 일 체 불 찰 미 진 수 보
見一一毛孔에 念念中出一切佛刹微塵數菩

살 신 운　　변 법 계 허 공 계　　일 체 불 찰　　선 양
薩身雲하사 徧法界虛空界하야 一切佛刹에서 宣揚

일 체 제 불 보 살　　종 초 발 의 소 생 선 근
一切諸佛菩薩의 從初發意所生善根하며

　낱낱 모공에서 잠깐잠깐마다 모든 세계의 티끌 수 같은 보살의 몸 구름을 내어 법계와 허공계에 두루 하여 모든 세계에서 일체 모든 부처님과 보살들이 처음 마음을 낸 때부터 생긴 착한 뿌리를 드날림을 보았습니다.

견 일 일 모 공　　염 념 중 출 일 체 불 찰 미 진 수 보
見一一毛孔에 念念中出一切佛刹微塵數菩

살 신 운 변 법 계 허 공 계 어 일 체 불 찰 일 일
薩身雲하사 徧法界虛空界하야 於一切佛刹一一

찰 중 선 양 일 체 보 살 원 해 급 보 현 보 살 청 정 묘
刹中에 宣揚一切菩薩願海와 及普賢菩薩淸淨妙

행
行하며

　낱낱 모공에서 잠깐잠깐마다 모든 세계의 티끌 수
같은 보살의 몸 구름을 내어 법계와 허공계에 두루 하
여 모든 세계의 낱낱 세계 가운데서 일체 보살의 서원誓
願 바다와 보현보살의 청정하고 묘한 행을 칭찬하여 드
날림을 보았습니다.

　견 일 일 모 공 염 념 중 출 보 현 보 살 행 운 영
見一一毛孔에 念念中出普賢菩薩行雲하사 令

일 체 중 생 심 득 만 족 구 족 수 습 일 체 지 도
一切衆生으로 心得滿足하야 具足修習一切智道하며

　낱낱 모공에서 잠깐잠깐마다 보현보살의 수행 구름
을 내어 일체 중생의 마음을 만족하게 하고 일체 지혜
의 도를 갖추어 닦아 익힘을 보았습니다.

견 일 일 모 공　　출 일 체 불 찰 미 진 수 정 각 신 운
見一一毛孔에 **出一切佛剎微塵數正覺身雲**하사

어 일 체 불 찰　　현 성 정 각　　영 제 보 살　　증 장 대
於一切佛剎에 **現成正覺**하야 **令諸菩薩**로 **增長大**

법　　　성 일 체 지
法하야 **成一切智**하니라

낱낱 모공에서 모든 세계의 티끌 수 같은 정각의 몸 구름을 내어 일체 세계에서 정각을 이루어 모든 보살들로 하여금 큰 법을 증장하고 일체 지혜를 이루게 함을 보았습니다.

선재동자가 보현보살의 경계를 보게 된 것을 하나하나 열거하여 밝힌다. 먼저 수승한 덕의 신상身相을 보고, 다음으로 모공의 경계를 보게 된 것을 낱낱이 밝혔다. 아래에는 또 모공에서 삼천대천세계를 다 보게 된 것을 밝혔다.

3〉 모공에서 삼천대천세계를 보다

이 시　　선 재 동 자　　견 보 현 보 살　　여 시 자 재 신
爾時에 **善財童子**가 **見普賢菩薩**의 **如是自在神**

통 경 계　　　신 심 변 희　　　용 약 무 량
通境界하고 身心徧喜하야 踊躍無量하나라

그때에 선재동자는 보현보살의 이와 같은 자유자재
하고 신통한 경계를 보고는 몸과 마음이 두루 기뻐서
한량없이 뛰었습니다.

중 관 보 현　　일 일 신 분　　일 일 모 공　　실 유 삼 천
重觀普賢의 一一身分과 一一毛孔에 悉有三千

대 천 세 계 풍 륜 수 륜 지 륜 화 륜　　대 해 강 하　　급
大千世界風輪水輪地輪火輪과 大海江河와 及

제 보 산 수 미 철 위　　촌 영 성 읍　　궁 전 원 원
諸寶山須彌鐵圍와 村營城邑과 宮殿園苑과

다시 또 보현보살의 몸의 부분마다 낱낱 모공에서
모두 삼천대천세계의 바람둘레[風輪]와 물둘레와 땅둘레
와 불둘레와 큰 바다와 강과 하천과 모든 보배 산과 수
미산과 철위산과 마을과 영문[營]과 도시와 궁전과 동
산과

일 체 지 옥 아 귀 축 생　　염 라 왕 계　　천 룡 팔 부
一切地獄餓鬼畜生과 閻羅王界와 天龍八部와

인 여 비 인　　욕 계 색 계 무 색 계 처　　일 월 성 수　　풍
人與非人과 欲界色界無色界處와 日月星宿와 風

운 뇌 전　　주 야 월 시　　급 이 연 겁　　제 불 출 세　　보
雲雷電과 晝夜月時와 及以年劫과 諸佛出世와 菩

살 중 회　　도 량 장 엄　　여 시 등 사　　실 개 명 견
薩衆會와 道場莊嚴하야 如是等事를 悉皆明見하니

　　일체 지옥과 아귀와 축생과 염라왕 세계와 천신과
용과 팔부와 사람과 사람 아닌 이와 욕심세계와 형상세
계와 무형세계와 해와 달과 별과 바람과 구름과 우레와
번개와 낮과 밤과 달과 시간과 그리고 해[年]와 겁劫과
모든 부처님이 세상에 출현하심과 보살의 모임과 도량
의 장엄 등 이와 같은 일들을 모두 다 분명하게 보았습
니다.

여 견 차 세 계　　시 방 소 유 일 체 세 계　　실 여 시
如見此世界하야 十方所有一切世界를 悉如是

見하며 如見現在十方世界하야 前際後際一切世

界도 亦如是見하야 各各差別이 不相雜亂하니라

이 세계를 보는 것처럼 시방에 있는 모든 세계도 다 이와 같이 보고, 현재의 시방 세계를 보는 것처럼 과거와 미래의 모든 세계도 다 또한 이와 같이 보는데, 제각기 차별한 것이 서로 섞이거나 어지럽지 아니하였습니다.

4〉시방 일체 세계에 다 두루 하다

如於此毘盧遮那如來所에 示現如是神通之

力하야 於東方蓮華德世界賢首佛所에 現神通力

도 亦復如是하며

이 비로자나여래의 처소에서 이와 같이 신통한 힘을 나타내 보이는 것과 같이 동방 연화덕세계의 현수賢首

부처님 처소에서 신통한 힘을 나타내는 것도 또한 다시
이와 같았습니다.

여 현 수 불 소　　여 시 동 방 일 체 세 계　　여 동 방
如賢首佛所하야 如是東方一切世界와 如東方

남 서 북 방 사 유 상 하　　일 체 세 계 제 여 래 소
하야 南西北方四維上下의 一切世界諸如來所에

현 신 통 력　　당 지 실 이
現神通力도 當知悉爾하며

　현수 부처님의 처소에서와 같이 이와 같이 동방의
모든 세계에서도 그러하고, 동방에서와 같이 남방 서방
북방과 네 간방과 상방과 하방의 모든 세계 모든 여래
의 처소에서 신통한 힘을 나타냄도 모두 그러한 줄을
마땅히 알 것입니다.

여 시 방 일 체 세 계　　여 시 시 방 일 체 불 찰 일 일
如十方一切世界하야 如是十方一切佛刹一一

진중 개유법계제불중회 일일불소 보현
塵中에 皆有法界諸佛衆會어든 一一佛所에 普賢

보살 좌보련화사자좌상 현신통력 실역
菩薩이 坐寶蓮華獅子座上하사 現神通力도 悉亦

여시
如是하야

　시방의 모든 세계와 같이 이와 같이 시방 모든 세계
의 낱낱 티끌 속에도 모두 법계의 모든 부처님 대중이
있고, 낱낱 부처님 처소에서 보현보살이 보배연꽃사자
좌에 앉아서 신통한 힘을 나타냄도 모두 또한 이와 같
으며,

　피일일보현신중 개현삼세일체경계 일
彼一一普賢身中에 皆現三世一切境界와 一

체불찰 일체중생 일체불출현 일체보살중
切佛刹과 一切衆生과 一切佛出現과 一切菩薩衆

　급문일체중생언음 일체불언음 일체여
하며 及聞一切衆生言音과 一切佛言音과 一切如

래 소 전 법 륜　　　일 체 보 살 소 성 제 행　　　일 체 여 래
來所轉法輪과　**一切菩薩所成諸行**과　**一切如來**

유 희 신 통
遊戲神通하니라

　저 낱낱 보현보살의 몸에는 세 세상의 모든 경계와
모든 세계와 모든 중생과 모든 부처님의 출현하심과 모
든 보살 대중을 나타냈으며, 또 일체 중생의 음성과 모
든 부처님의 음성과 모든 여래의 굴리시는 법륜과 모든
보살의 이루는 모든 행과 모든 여래의 신통에 유희함을
들었습니다.

5〉열 가지 바라밀다를 얻다

선 재 동 자　　　견 보 현 보 살　　　여 시 무 량 불 가 사
善財童子가　**見普賢菩薩**의　**如是無量不可思**

의 대 신 통 력　　　즉 득 십 종 지 바 라 밀　　　하 등　　위
議大神通力하고　**卽得十種智波羅蜜**하니　**何等**이　**爲**

십
十고

　선재동자가 보현보살의 이와 같이 한량없고 불가사

의한 큰 신통의 힘을 보고 곧 열 가지 지혜바라밀다를 얻었습니다. 무엇이 열입니까.

소위어염념중　실능주변일체불찰지바라밀
所謂於念念中에 悉能周徧一切佛刹智波羅蜜

어염념중　실능왕예일체불소　지바라밀
과 於念念中에 悉能往詣一切佛所에 智波羅蜜과

이른바 잠깐잠깐 동안에 모든 부처님 세계에 다 두루 하는 지혜바라밀다와, 잠깐잠깐 동안에 모든 부처님 처소에 다 나아가는 지혜바라밀다와,

어염념중　실능공양일체여래지바라밀　어
於念念中에 悉能供養一切如來智波羅蜜과 於

염념중　보어일체제여래소　문법수지지바라
念念中에 普於一切諸如來所에 聞法受持智波羅

밀
蜜과

잠깐잠깐 동안에 모든 여래께 다 공양하는 지혜바라

밀다와, 잠깐잠깐 동안에 널리 일체 모든 여래의 계신 데서 법문을 듣고 받아 가지는 지혜바라밀다와,

어 염 념 중   사 유 일 체 여 래 법 륜 지 바 라 밀   어
於念念中에 思惟一切如來法輪智波羅蜜과 於

염 념 중   지 일 체 불 불 가 사 의 대 신 통 사 지 바 라
念念中에 知一切佛不可思議大神通事智波羅

밀
蜜과

잠깐잠깐 동안에 모든 여래의 법륜을 생각하는 지혜 바라밀다와, 잠깐잠깐 동안에 모든 부처님의 불가사의 한 큰 신통한 일을 아는 지혜바라밀다와,

어 염 념 중   설 일 구 법   진 미 래 제   변 재 무
於念念中에 說一句法하야 盡未來際토록 辯才無

진 지 바 라 밀   어 염 념 중   이 심 반 야   관 일 체 법
盡智波羅蜜과 於念念中에 以深般若로 觀一切法

지 바 라 밀
智波羅蜜과

　잠깐잠깐 동안에 한 구절 법을 말하시는데 오는 세
상이 끝나도록 변재가 다함이 없는 지혜바라밀다와, 잠
깐잠깐 동안에 깊은 반야로 모든 법을 관찰하는 지혜바
라밀다와,

　어 염 념 중　　입 일 체 법 계 실 상 해 지 바 라 밀　　어
於念念中에 **入一切法界實相海智波羅蜜**과 **於**

염 념 중　　지 일 체 중 생 심 지 바 라 밀　　어 염 념 중
念念中에 **知一切衆生心智波羅蜜**과 **於念念中**에

보 현 혜 행　　개 현 재 전 지 바 라 밀
普賢慧行이 **皆現在前智波羅蜜**이니라

　잠깐잠깐 동안에 모든 법계와 실상 바다에 들어가는
지혜바라밀다와, 잠깐잠깐 동안에 일체 중생의 마음을
아는 지혜바라밀다와, 잠깐잠깐 동안에 보현보살의 지
혜와 행行이 모두 앞에 나타나는 지혜바라밀다였습니다.

4) 보현보살이 법을 보이다

(1) 정수리를 만짐에 이익을 얻다

선재동자가 기득시이 보현보살이 즉신우수
善財童子가 既得是已에 普賢菩薩이 卽伸右手

마촉기정 기마정이 선재 즉득일
하사 摩觸其頂하사 旣摩頂已하신대 善財가 卽得一

체불찰미진수삼매문 각이일체불찰미진수
切佛刹微塵數三昧門이 各以一切佛刹微塵數

삼매 이위권속
三昧로 而爲眷屬하야

선재동자가 이미 이러한 것을 얻고 나니 보현보살이
곧 오른손을 펴서 그의 정수리를 만지었고, 정수리를
만진 뒤에는 선재동자가 곧바로 모든 세계의 티끌 수
삼매문을 얻었는데 각각 모든 세계의 티끌 수 삼매로
권속을 삼았습니다.

보현보살이 선재동자에게 법을 보이는데 오른손을 펴서
선재동자의 정수리를 만지니까 선재동자는 곧바로 일체 세
계의 미진수와 같은 무수한 삼매문을 얻게 되었다. 또 낱낱

삼매에서 옛날에 보지 못하던 모든 세계의 티끌 수와 같은 부처님의 큰 바다를 보았고, 모든 세계의 티끌 수와 같은 일체 지혜의 도를 돕는 기구를 모으는 등의 이익을 얻었다. 그 것이 정수리를 만져 얻은 이익이다.

일 일 삼 매　　실 견 석 소 미 견 일 체 불 찰 미 진 수
一一三昧에 **悉見昔所未見一切佛刹微塵數**

불 대 해
佛大海하며

낱낱 삼매에서 옛날에 보지 못하던 모든 세계의 티 끌 수와 같은 부처님의 큰 바다를 보았으며

집 일 체 불 찰 미 진 수 일 체 지 조 도 구
集一切佛刹微塵數一切智助道具하며

모든 세계의 티끌 수와 같은 일체 지혜의 도를 돕는 기구를 모았으며

생 일 체 불 찰 미 진 수 일 체 지 상 묘 법
生一切佛刹微塵數一切智上妙法하며

모든 세계의 티끌 수와 같은 일체 지혜의 가장 묘한 법을 내었으며

발 일 체 불 찰 미 진 수 일 체 지 대 서 원
發一切佛刹微塵數一切智大誓願하며

모든 세계의 티끌 수와 같은 일체 지혜의 큰 서원을 세웠으며

입 일 체 불 찰 미 진 수 대 원 해
入一切佛刹微塵數大願海하며

모든 세계의 티끌 수와 같은 큰 서원의 바다에 들어 갔으며

주 일 체 불 찰 미 진 수 일 체 지 출 요 도
住一切佛刹微塵數一切智出要道하며

모든 세계의 티끌 수와 같은 일체 지혜의 뛰어나는 요긴한 길에 머물렀으며

수 일 체 불 찰 미 진 수 제 보 살 소 수 행
修一切佛刹微塵數諸菩薩所修行하며

모든 세계의 티끌 수와 같은 모든 보살들의 닦는 행을 닦았으며

기 일 체 불 찰 미 진 수 일 체 지 대 정 진
起一切佛刹微塵數一切智大精進하며

모든 세계의 티끌 수와 같은 일체 지혜의 큰 정진을 일으키었으며

득 일 체 불 찰 미 진 수 일 체 지 정 광 명
得一切佛刹微塵數一切智淨光明하니라

모든 세계의 티끌 수와 같은 일체 지혜의 청정한 광명을 얻었습니다.

여 차 사 바 세 계 비 로 자 나 불 소　　보 현 보 살　　마
如此娑婆世界毘盧遮那佛所에 **普賢菩薩**이 **摩**

선 재 정　　　여 시 시 방 소 유 세 계　　　급 피 세 계 일 일
善財頂하야 **如是十方所有世界**와 **及彼世界一一**

진 중 일 체 세 계 일 체 불 소　　보 현 보 살　　실 역 여 시
塵中一切世界一切佛所에 **普賢菩薩**도 **悉亦如是**

　　마 선 재 정　　　소 득 법 문　　역 개 동 등
하야 **摩善財頂**하며 **所得法門**도 **亦皆同等**하니라

이 사바세계의 비로자나 부처님 처소에서 보현보살이 선재동자의 정수리를 만진 것처럼 이와 같이 시방에 있는 세계와 저 세계의 낱낱 티끌 속에 있는 모든 세계의 모든 부처님 처소의 보현보살도 모두 또한 이와 같이 선재동자의 정수리를 만지었고, 얻은 법문도 또한 다 같았습니다.

선재동자가 마지막 선지식인 보현보살을 친견하였고 보현보살은 선재동자에게 법을 보이는데 선재동자의 정수리를 만짐으로써 모든 법의 이익을 얻게 된 것을 보였다.

(2) 보살행의 깊고 넓음을 말하다

1〉 문답으로 살펴서 보이다

이시　　보현보살마하살　　고선재언　　선남
爾時에 **普賢菩薩摩訶薩**이 **告善財言**하사대 **善男**

자　여견아차신통력부　유연이견　　대성
子야 **汝見我此神通力不**아 **唯然已見**이니이다 **大聖**하

차부사의대신통사　유시여래지소능지
此不思議大神通事는 **唯是如來之所能知**로소이다

그때에 보현보살마하살이 선재동자에게 말하였습니
다. "선남자여, 그대는 나의 신통한 힘을 보았습니까?"
"그러합니다. 보았습니다. 큰 성인이시여, 이 부사의한
큰 신통의 일은 오직 여래께서만 알 수 있을 것입니다."

2〉 보현의 원인이 심원함을 밝히다

보현　　고언　　　선남자　아어과거불가설불
普賢이 **告言**하사대 **善男子**야 **我於過去不可說不**

가설불찰미진수겁　행보살행　　구일체지
可說佛刹微塵數劫에 **行菩薩行**하야 **求一切智**할새

보현보살이 말하였습니다. "선남자여, 나는 과거의

말할 수 없이 말할 수 없는 세계의 미진수 겁에 보살의 행을 행하며 일체 지혜를 구하였습니다."

일일겁중　위욕청정보리심고　승사불가설
一一劫中에 **爲欲淸淨菩提心故**로 **承事不可說**

불가설불찰미진수불
不可說佛刹微塵數佛하며

"낱낱 겁 동안에 보리심을 청정하게 하려고 말할 수 없이 말할 수 없는 세계의 티끌 수 부처님을 받들어 섬겼습니다."

일일겁중　위집일체지복덕구고　설불가설
一一劫中에 **爲集一切智福德具故**로 **設不可說**

불가설불찰미진수광대시회　일체세간　함
不可說佛刹微塵數廣大施會하야 **一切世間**에 **咸**

사문지　범유소구　실령만족
使聞知하야 **凡有所求**를 **悉令滿足**하며

"낱낱 겁 동안에 일체 지혜와 복덕의 도구를 모으려

고 말할 수 없이 말할 수 없는 세계의 티끌 수와 같은 널리 보시하는 모임을 마련하고, 모든 세간이 다 듣고 알게 하였으며, 무릇 구하는 것은 다 만족하게 하였습니다."

일 일 겁 중　　위 구 일 체 지 법 고　　이 불 가 설 불 가
一一劫中에 爲求一切智法故로 以不可說不可

설 불 찰 미 진 수 재 물　　보 시
說佛刹微塵數財物로 布施하며

"낱낱 겁 동안에 일체 지혜의 법을 구하려고 말할 수 없이 말할 수 없는 세계의 티끌 수 재물로 보시하였습니다."

일 일 겁 중　　위 구 불 지 고　　이 불 가 설 불 가 설 불
一一劫中에 爲求佛智故로 以不可說不可說佛

찰 미 진 수 성 읍 취 락　　국 토 왕 위　　처 자 권 속　　안
刹微塵數城邑聚落과 國土王位와 妻子眷屬과 眼

이 비 설　　신 육 수 족　　내 지 신 명　　이 위 보 시
耳鼻舌과 **身肉手足**과 **乃至身命**으로 **而爲布施**하며

"낱낱 겁 동안에 부처님 지혜를 구하려고 말할 수 없
이 말할 수 없는 세계의 티끌 수 도시와 마을과 국토와
왕의 지위와 처자와 권속과 눈, 귀, 코, 혀, 몸, 살, 손,
발과 내지 목숨까지도 보시하였습니다."

　　일 일 겁 중　　위 구 일 체 지 수 고　　이 불 가 설 불 가
　　一一劫中에 **爲求一切智首故**로 **以不可說不可**

설 불 찰 미 진 수 두　　이 위 보 시
說佛刹微塵數頭로 **而爲布施**하며

"낱낱 겁 동안에 일체 지혜의 머리를 구하려고 말할
수 없이 말할 수 없는 세계의 티끌 수 머리로 보시하였
습니다."

　　일 일 겁 중　　위 구 일 체 지 고　　어 불 가 설 불 가 설
　　一一劫中에 **爲求一切智故**로 **於不可說不可說**

불 찰 미 진 수 제 여 래 소　　공 경 존 중　　　승 사 공 양
佛刹微塵數諸如來所에 **恭敬尊重**하며 **承事供養**

의 복 와 구　　음 식 탕 약　　일 체 소 수　　실 개 봉
하야 **衣服臥具**와 **飲食湯藥**과 **一切所須**를 **悉皆奉**

시　　어 기 법 중　　출 가 학 도　　수 행 불 법　　　호
施하고 **於其法中**에 **出家學道**하야 **修行佛法**하며 **護**

지 정 교
持正敎호라

"낱낱 겁 동안에 일체 지혜를 구하려고 말할 수 없
이 말할 수 없는 세계의 티끌 수 모든 여래의 계신 데
서 공경하고 존중하고, 받들어 섬기고 공양하며, 의복
과 와구와 음식과 탕약 등 일체 필요한 것을 모두 보시
하였고, 그 법 가운데서 출가하여 도를 배우고 불법을
수행하여 바른 교법을 보호하였습니다."

선 남 자　　아 어 이 소 겁 해 중　　자 억 미 증 어 일
善男子야 **我於爾所劫海中**에 **自憶未曾於一**

념 간　　불 순 불 교　　어 일 념 간　　생 진 해 심　　아
念間도 **不順佛敎**하며 **於一念間**도 **生瞋害心**과 **我**

아 소 심　　자 타 차 별 심　　원 리 보 리 심　　어 생 사 중
我所心과　自他差別心과　遠離菩提心과　於生死中

기 피 염 심　　나 타 심　　장 애 심　　미 혹 심　　유 주
起疲厭心과　懶惰心과　障礙心과　迷惑心하고　唯住

무 상 불 가 저 괴 집 일 체 지 조 도 지 법 대 보 리 심
無上不可沮壞集一切智助道之法大菩提心호라

"선남자여, 내가 생각하니 그러한 겁의 바다에서 잠
깐 동안 부처님 교법을 순종하지 않았거나 잠깐 동안
성내는 마음이나 나와 내 것이라는 마음이나 나와 남을
차별하는 마음이나 보리심을 여의는 마음을 내거나 생
사하는 가운데 고달픈 마음과 게으른 마음과 장애하는
마음과 미혹한 마음을 일으키지 않았고, 다만 위없고
무너뜨릴 수 없고 일체 지혜를 모으는 도를 돕는 법인
큰 보리심에 머물렀습니다."

선 남 자　　아 장 엄 불 토　　이 대 비 심　　구 호
善男子야　我莊嚴佛土하야　以大悲心으로　救護

중 생　　교 화 성 취　　공 양 제 불　　사 선 지 식
衆生하야　敎化成就하며　供養諸佛하고　事善知識하며

위구정법　　홍선호지　　일체내외　　실개능
爲求正法하야 弘宣護持하며 一切內外를 悉皆能

사　　　내지신명　　역무소린　　　일체겁해　설기
捨하며 乃至身命도 亦無所悋호니 一切劫海에 說其

인연　　　겁해가진　　　차무유진
因緣컨댄 劫海可盡이어니와 此無有盡이니라

　　"선남자여, 나는 부처님 국토를 장엄하되 크게 가엾
이 여기는 마음으로 중생을 구호하고 교화하여 성취하
며, 부처님께 공양하고 선지식을 섬기며, 바른 법을 구
하여 널리 선전하고 보호하며 유지하기 위하여 일체 안
의 것과 밖의 것을 모두 버리고, 신명까지도 또한 아끼
지 않았으며, 모든 겁의 바다에서 그 인연을 말하였나
니 겁의 바다는 다할지언정 이 일은 다함이 없습니다."

　　　선남자　　아법해중　　무유일문　　무유일구
善男子야 我法海中엔 無有一文과 無有一句도

비시사시전륜왕위　　　이구득자　　비시사시일
非是捨施轉輪王位하야 而求得者며 非是捨施一

체 소 유　　이 구 득 자
切所有하야 而求得者호라

"선남자여, 나의 법의 바다에는 한 글자나 한 글귀도 전륜왕의 지위를 버려서 구하지 않은 것이 없으며, 일체 소유를 버려서 얻지 않은 것이 없습니다."

보현보살은 말씀하셨다. "나의 법의 바다에는 한 글자나 한 글귀도 전륜왕의 지위를 버려서 구하지 않은 것이 없으며, 일체 소유를 버려서 얻지 않은 것이 없다." 얼마나 감동적인 말씀인가. 실로 희생 없이 이루어진 일이 있는가. 어떤 자그마한 성공도 낱낱이 다 설명할 수 없는 뜨겁고 아픈 사연들이 알알이 박혀 있다. 하나의 진주알도 상처의 결정체이다. 어떤 작은 인생도 비에 젖고 바람에 흔들리면서 여기까지 왔다. 하물며 보현보살의 삶이겠는가.

선 남 자　　아 소 구 법　　개 위 구 호 일 체 중 생
善男子야 我所求法은 皆爲救護一切衆生이라

일심사유　　　원제중생　　득문시법　　　원이지광
一心思惟하야 願諸衆生이 得聞是法하며 願以智光

　　보조세간　　　원위개시출세간지　　　원령중
으로 普照世間하며 願爲開示出世間智하며 願令衆

생　　　실득안락　　　원보칭찬일체제불소유공
生으로 悉得安樂하며 願普稱讚一切諸佛所有功

덕　　아여시등왕석인연　　어불가설불가설불
德이니 我如是等往昔因緣을 於不可說不可說佛

찰미진수겁해　　설불가진
刹微塵數劫海에 說不可盡이니라

　"선남자여, 내가 법을 구한 것은 모두 일체 중생을
구호하기 위한 것이니, 한결같은 마음으로 생각하기를,
'원컨대 모든 중생이 이 법을 들을지어다. 원컨대 지혜
의 광명으로 세간을 두루 비추어지이다. 원컨대 출세간
의 지혜를 열어 보여지이다. 원컨대 중생들이 모두 안
락함을 얻어지이다. 원컨대 일체 모든 부처님의 가지신
공덕을 두루 칭찬하여지이다.' 라고 하였습니다. 나의 이
와 같은 등 과거의 인연은 말할 수 없이 말할 수 없는
세계의 티끌 수 겁 동안에 말하여도 다할 수 없습니다."

보현보살의 행이 깊고 넓음을 밝히는 내용인데 보현행은 쉽게 이루어진 것이 아니다. 참으로 그 뿌리가 깊고 또 깊다. 어찌 다 설명할 수 있겠는가. 보현보살은 자나 깨나 발원하기를, '원컨대 모든 중생이 이 법을 들을지어다. 원컨대 지혜의 광명으로 세간을 두루 비추어지이다. 원컨대 중생들이 모두 안락함을 얻어지이다.'라고 하였다. 중생들이 법을 듣고 중생들이 안락하다면 그 어떤 희생도 마다하지 않는 분이 곧 보현보살이시다.

3〉 원인을 맺고 결과 이룸을 밝히다

시고   선남자   아이여시조도법력   제선근
是故로 **善男子**야 **我以如是助道法力**과 **諸善根**

력   대지락력   수공덕력   여실사유일체법력
力과 **大志樂力**과 **修功德力**과 **如實思惟一切法力**

지혜안력   불위신력   대자비력   정신통력
과 **智慧眼力**과 **佛威神力**과 **大慈悲力**과 **淨神通力**

선지식력고   득차구경삼세평등청정법신
과 **善知識力故**로 **得此究竟三世平等淸淨法身**하며

"그러므로 선남자여, 나는 이러한 도를 돕는 법의 힘과 모든 착한 뿌리의 힘과 크게 좋아하는 힘과 공덕을 닦는 힘과 일체 법을 사실대로 생각하는 힘과 지혜 눈의 힘과 부처님의 위신의 힘과 크게 자비한 힘과 깨끗한 신통의 힘과 선지식의 힘으로써 이것이 구경究竟이며 세 세상에 평등하고 청정한 법의 몸을 얻었습니다."

부득 청 정 무 상 색 신　　초 제 세 간　　수 제 중
復得清淨無上色身하야 超諸世間이나 隨諸衆

생 심 지 소 락　　이 위 현 형　　입 일 체 찰　　변 일
生心之所樂하야 而爲現形하야 入一切刹하고 徧一

체 처　　어 제 세 계　　광 현 신 통　　영 기 견 자　　미
切處하며 於諸世界에 廣現神通하야 令其見者로 靡

불 흔 락
不欣樂케호라

"또 청정하고 위없는 육신을 얻어서 모든 세간을 초월하고 모든 중생의 좋아하는 마음을 따라서 형상을 나타내며, 모든 세계에 들어가고, 온갖 곳에 두루 하며, 여러 세계에서 신통을 널리 나타내어 보는 이로 하여금

모두 기쁘게 하였습니다."

(3) 관觀의 작용은 끝이 없다

1〉 이익을 들어 관觀하기를 권하다

선 남 자　　여 차 관 아 여 시 색 신　　아 차 색 신
善男子야 **汝且觀我如是色身**하라 **我此色身**은

무 변 겁 해 지 소 성 취　　무 량 천 억 나 유 타 겁　　난 견
無邊劫海之所成就니 **無量千億那由他劫**에 **難見**

난 문
難聞이니라

"선남자여, 그대는 또한 나의 이와 같은 육신을 보십
시오. 나의 이 육신은 그지없는 겁의 바다에서 이루어
진 것이니, 한량없는 천억 나유타 겁에도 보기 어렵고
듣기 어렵습니다."

선 남 자　　약 유 중 생　　미 종 선 근　　　급 종 소 선
善男子야 **若有衆生**이 **未種善根**이어나 **及種少善**

根_한 聲聞菩薩도 猶尙不得聞我名字어든 況見我

身_가

"선남자여, 만약 어떤 중생이 아직 선근을 심지 못하
거나 선근을 조금 심은 성문이나 보살들로서는 오히려
나의 이름도 듣지 못하거든 하물며 나의 몸을 볼 수 있
겠습니까."

善男子야 若有衆生이 得聞我名이면 於阿耨多

羅三藐三菩提에 不復退轉하며 若見若觸이나 若

迎若送이나 若暫隨逐이나 乃至夢中에 見聞我者

도 皆亦如是하며

"선남자여, 만약 어떤 중생이 내 이름을 듣기만 하여
도 아뇩다라삼먁삼보리에서 다시는 물러나지 않을 것이

며, 만약 나를 보거나 접촉하거나 맞이하거나 보내거나 잠깐 동안 따라다니거나 내지 꿈에 나를 보거나 들은 이도 역시 그러할 것입니다."

보현보살의 위대하신 그 이름은 선근을 조금 심은 성문이나 보살들로서는 오히려 듣지 못한다. 하물며 그의 몸을 볼 수 있겠는가. 그러므로 그 이름을 듣기만 하여도 가장 높은 깨달음에서 퇴전하지 않는다. 또 보거나 접촉하거나 맞이하거나 보내거나 잠깐 동안 따라다니거나 내지 꿈에서만 보는 이들도 가장 높은 깨달음에서 결코 퇴전하지 않는다. 보현보살이 얼마나 위대하기에 그렇겠는가. 그리고 진정한 보현보살이란 또 무엇인가.

혹유중생　일일일야　억념어아　즉득성
或有衆生이 一日一夜에 憶念於我하면 卽得成
숙
熟하며

"혹 어떤 중생이 하루 낮 하루 밤 동안 나를 생각하

면 곧 성숙할 이도 있습니다."

혹 칠 일 칠 야　　반 월 일 월　　반 년 일 년　　백 년 천
或七日七夜와　半月一月과　半年一年과　百年千

년　　일 겁 백 겁　　내 지 불 가 설 불 가 설 불 찰 미 진 수
年과　一劫百劫과　乃至不可說不可說佛剎微塵數

겁　　억 념 어 아　　　이 성 숙 자
劫에　憶念於我하야　而成熟者며

"혹 칠일 칠야七夜나 보름이나 한 달이나 반 년이나
일 년이나 백 년이나 천 년이나 한 겁이나 백 겁이나 내
지 말할 수 없이 말할 수 없는 세계의 티끌 수 겁에 나
를 생각하고 성숙할 이도 있습니다."

혹 일 생　　혹 백 생　　내 지 불 가 설 불 가 설 불 찰
或一生과　或百生과　乃至不可說不可說佛剎

미 진 수 생　　억 념 어 아　　　이 성 숙 자
微塵數生에　憶念於我하야　而成熟者며

"혹 일 생이나 백 생이나 내지 말할 수 없이 말할 수

없는 세계의 티끌 수 생生 동안 나를 생각하고 성숙하게
될 이도 있습니다."

혹 견 아 방 대 광 명　　혹 견 아 진 동 불 찰　　　혹
或見我放大光明하며 **或見我震動佛刹**하고 **或**

생 포 외　　혹 생 환 희　　개 득 성 숙
生怖畏하며 **或生歡喜**라도 **皆得成熟**이니라

"혹 나의 광명 놓은 것을 보거나 혹 내가 세계를 진
동시키는 것을 보고 혹 무서워하거나 기뻐한 이들도 모
두 성숙하게 될 것입니다."

보현보살을 생각하는 사람들이 성숙하게 되는 기간을
열거하였다. 진정한 보현보살이란 무엇인지를 깊이 생각하
여 알게 된다면 그는 곧 성숙하게 되고 끝내에는 가장 높은
깨달음을 얻게 될 것이다.

선 남 자　　아 이 여 시 등 불 찰 미 진 수 방 편 문
善男子야 **我以如是等佛刹微塵數方便門**으로

영 제 중 생　어 아 뇩 다 라 삼 먁 삼 보 리　득 불 퇴
令諸衆生으로 **於阿耨多羅三藐三菩提**에 **得不退**

전
轉케호라

　"선남자여, 나는 이와 같은 등 세계의 티끌 수 방편
문으로써 모든 중생들을 아뇩다라삼먁삼보리에서 물러
나지 않게 합니다."

　선 남 자　약 유 중 생　견 문 어 아 청 정 찰 자　필
善男子야 **若有衆生**이 **見聞於我淸淨刹者**면 **必**

득 생 차 청 정 찰 중　약 유 중 생　견 문 어 아 청 정
得生此淸淨刹中하며 **若有衆生**이 **見聞於我淸淨**

신 자　필 득 생 아 청 정 신 중　선 남 자　여 응 관
身者면 **必得生我淸淨身中**하리니 **善男子**야 **汝應觀**

아 차 청 정 신
我此淸淨身이어다

　"선남자여, 만약 어떤 중생이 나의 청정한 세계를 보
고 들은 이는 반드시 이 청정한 세계에 태어날 것이요,
만약 어떤 중생이 나의 청정한 몸을 보고 들은 이는 반

드시 나의 청정한 몸 가운데 태어날 것입니다. 선남자
여, 그대는 마땅히 나의 이 청정한 몸을 관觀하여야 할
것입니다."

보현보살은 자신의 이름을 듣거나 몸을 보게 되면 반드
시 보현보살의 청정한 몸 가운데 태어날 것이라고 하였다.
그러면서 응당 그 청정한 몸을 보기를 권하였다.

2〉 몸의 수승함을 관하다

이 시　　선 재 동 자　관 보 현 보 살 신 상 호 지 절
爾時에 **善財童子**가 **觀普賢菩薩身相好肢節**의

일 일 모 공 중　　개 유 불 가 설 불 가 설 불 찰 해　　일
一一毛孔中에 **皆有不可說不可說佛刹海**어든 一

일 찰 해　개 유 제 불　　출 흥 어 세　　　대 보 살 중　소
一刹海에 **皆有諸佛**이 **出興於世**하사 **大菩薩衆**의 **所**

공 위 요
共圍繞하며

그때에 선재동자가 보현보살의 몸을 관하니 잘생긴

모습[相好]과 사지골절의 낱낱 모공에 다 말할 수 없이 말할 수 없는 부처님 세계 바다가 있고, 낱낱 세계 바다에 다 부처님이 세상에 출현하사 큰 보살 대중들이 둘러 모시었습니다.

우부견피일체찰해 종종건립 종종형상
又復見彼一切刹海의 種種建立과 種種形狀과

종종장엄 종종대산 주잡위요 종종색운
種種莊嚴과 種種大山이 周帀圍繞와 種種色雲이

미부허공 종종불흥 연종종법 여시등
彌覆虛空과 種種佛興하사 演種種法하는 如是等

사 각각부동
事가 各各不同하며

또 보니, 저 모든 세계 바다가 갖가지로 건립되고 갖가지 형상이요, 갖가지로 장엄하고 갖가지 큰 산이 두루 둘리었으며, 갖가지 색 구름이 허공에 덮이고, 갖가지 부처님이 출현하시어 갖가지 법을 연설하시는 이와 같은 일들이 제각기 같지 아니하였습니다.

우견보현   어일일세계해중   출일체불찰
又見普賢이 於一一世界海中에 出一切佛刹

미진수불화신운   주변시방일체세계   교
微塵數佛化身雲하사 周徧十方一切世界하야 教

화중생   영향아뇩다라삼먁삼보리
化衆生하사 令向阿耨多羅三藐三菩提하니라

또 보니, 보현보살이 낱낱 세계 바다에서 모든 세계의 티끌 수 부처님의 화신 구름을 내어 시방의 모든 세계에 가득하고, 중생들을 교화하여 아뇩다라삼먁삼보리로 향하게 하였습니다.

시   선재동자   우견자신   재보현신내시방
時에 善財童子가 又見自身이 在普賢身內十方

일체제세계중   교화중생
一切諸世界中하야 教化衆生하니라

그때에 선재동자는 또 자신의 몸이 보현보살의 몸속에 있는 시방의 일체 세계에서 중생들을 교화함을 보았습니다.

보현보살은 자신의 이름을 듣거나 몸을 보게 되면 반드시 보현보살의 청정한 몸 가운데 태어날 것이므로 응당 그 청정한 몸을 보기를 권하였다. 그래서 선재동자는 보현보살의 몸의 여러 가지 모습을 보았다. 그러고는 다시 자신의 몸이 보현보살의 몸속에 있는 시방의 일체 세계에서 중생들을 교화하고 있다는 사실까지 보게 되었다. 그것은 선재동자가 어떤 곳에서 무슨 일을 하든지 일체가 보현보살의 몸속에서 이뤄지고 있다는 사실이다. 진실로 어찌 선재동자만이 그렇겠는가. 모든 공간과 모든 시간과 모든 존재의 행위 일체가 모두 보현보살의 몸속에서 이뤄지고 있다는 사실이다.

예컨대 일체가 진여자성이어서 모든 공간과 모든 시간과 모든 존재의 일체 행위가 모두 진여자성의 현현인 것과 같다. 또 비유하면 고무장갑을 손에 끼고 사물을 만지면 무엇을 만지든지 하루 종일 그는 고무장갑만을 만지게 되는 것과 같다.

3〉 비교하여 수승함을 나타내다

우선재동자 친근불찰미진수제선지식
又善財童子가 **親近佛刹微塵數諸善知識**하야

소득선근지혜광명 비견보현보살소득선근
所得善根智慧光明을 **比見普賢菩薩所得善根**컨댄

백분 불급일 천분 불급일 백천분 불
百分에 **不及**一이며 **千分**에 **不及**一이며 **百千分**에 **不**

급일 백천억분 내지산수비유 역불능급
及一이며 **百千億分**과 **乃至算數譬喩**도 **亦不能及**이
니라

또 선재동자가 세계의 티끌 수 모든 선지식을 친근
하여 얻은 선근의 지혜 광명을 보현보살에게서 얻은 선
근에 견주면 백 분의 일도 미치지 못하고, 천 분의 일도
미치지 못하고, 백천 분의 일에도 미치지 못하며, 백천
억 분과 내지 산수와 비유로도 미치지 못하였습니다.

선재동자가 그동안 다른 많은 선지식을 친견하여 얻은
모든 공덕을 보현보살을 친견하여 얻은 공덕과 비교하여 그
수승함을 나타낸 내용이다. 이를테면 다른 많은 선지식이
개개며 낱낱의 존재라면 보현보살은 일체 존재 전체를 한꺼

번에 가리키는 것이다.

시선재동자　종초발심　　내지득견보현보
是善財童子가 從初發心으로 乃至得見普賢菩

살　어기중간소입일체제불찰해　금어보현
薩히 於其中間所入一切諸佛刹海는 今於普賢

일모공중일념소입제불찰해　과전불가설불
一毛孔中一念所入諸佛刹海가 過前不可說不

가설불찰미진수배　여일모공　일체모공
可說佛刹微塵數倍하니 如一毛孔하야 一切毛孔도

실역여시
悉亦如是하니라

　이 선재동자가 처음 발심한 때로부터 보현보살을 친
견하던 때까지 그 중간에 들어갔던 일체 모든 부처님
세계 바다에 대하여 지금 보현보살의 한 모공 속에서
잠깐 동안에 들어간 모든 부처님 세계 바다는 앞의 것
보다 말할 수 없이 말할 수 없는 세계의 티끌 수의 배倍
가 더 많으며, 이 한 모공과 같이 모든 모공도 다 또한
이와 같습니다.

선재동자　어보현보살모공찰중　행일보
善財童子가 **於普賢菩薩毛孔刹中**에 **行一步**하야

과불가설불가설불찰미진수세계　　여시이행
過不可說不可說佛刹微塵數世界하니 **如是而行**

　　진미래겁　　유불능지일모공중찰해차제
하야 **盡未來劫**이라도 **猶不能知一毛孔中刹海次第**

　　찰해장　　찰해차별　　찰해보입　　찰해성　찰
와 **刹海藏**과 **刹海差別**과 **刹海普入**과 **刹海成**과 **刹**

해괴　　찰해장엄　　소유변제
海壞와 **刹海莊嚴**의 **所有邊際**하며

　　선재동자가 보현보살의 모공에 있는 세계에서 한 걸
음을 걸을 적에 말할 수 없이 말할 수 없는 세계의 티
끌 수 세계를 지나가며, 이와 같이 걸어서 오는 세월이
끝나도록 걸어도 오히려 한 모공 속에 있는 세계 바다
의 차례와 세계 바다의 갈무리와 세계 바다의 차별과
세계 바다의 두루 들어감과 세계 바다의 이루어짐과 세
계 바다의 무너짐과 세계 바다의 장엄과 있는 바 끝난
데를 능히 알 수 없습니다.

역불능지불해차제   불해장   불해차별   불
亦不能知佛海次第와 佛海藏과 佛海差別과 佛

해보입   불해생   불해멸   소유변제
海普入과 佛海生과 佛海滅의 所有邊際하며

또 부처님 바다의 차례와 부처님 바다의 갈무리와
부처님 바다의 차별과 부처님 바다의 두루 들어감과 부
처님 바다의 생김과 부처님 바다의 없어짐과 있는 바의
끝난 데를 알 수 없습니다.

역불능지보살중해차제   보살중해장   보
亦不能知菩薩衆海次第와 菩薩衆海藏과 菩

살중해차별   보살중해보입   보살중해집   보
薩衆海差別과 菩薩衆海普入과 菩薩衆海集과 菩

살중해산   소유변제
薩衆海散의 所有邊際하며

또 보살 대중 바다의 차례와 보살 대중 바다의 갈무
리와 보살 대중 바다의 차별과 보살 대중 바다의 두루
들어감과 보살 대중 바다의 모임과 보살 대중 바다의
흩어짐과 있는 바의 끝난 데를 알 수 없습니다.

역불능지입중생계　지중생근　교화조복
亦不能知入衆生界와 知衆生根과 教化調伏

제중생지　보살소주심심자재　보살소입제
諸衆生智와 菩薩所住甚深自在와 菩薩所入諸

지제도　여시등해　소유변제
地諸道인 如是等海의 所有邊際니라

또 중생세계에 들어가서 중생의 근성을 아는 일과
중생들을 교화하고 조복하는 지혜와 보살의 머무르는
깊고 깊은 자재함과 보살이 들어가는 모든 지위와 모든
도道인 이와 같은 등 바다에 있는 바의 끝난 데를 알 수
없습니다.

선재동자　어보현보살모공찰중　혹어일
善財童子가 於普賢菩薩毛孔刹中에 或於一

찰　경어일겁　여시이행　내지혹유경불가
刹에 經於一劫토록 如是而行하며 乃至或有經不可

설불가설불찰미진수겁　여시이행　역불
說不可說佛刹微塵數劫토록 如是而行호대 亦不

어 차 찰 몰　　어 피 찰 현　　염 념 주 변 무 변 찰 해
於此刹沒하야 **於彼刹現**하고 **念念周徧無邊刹海**하야

교 화 중 생　　영 향 아 뇩 다 라 삼 먁 삼 보 리
敎化衆生하야 **令向阿耨多羅三藐三菩提**하나니라

　선재동자가 보현보살의 모공 세계에서 혹 한 세계에서 한 겁 동안을 지내면서 이와 같이 걷기도 하고, 내지 혹 말할 수 없이 말할 수 없는 세계의 티끌 수 겁 동안을 지내면서 이와 같이 걷기도 하며, 또 이 세계에서 없어지고 저 세계에 나타나지도 않으면서 잠깐잠깐 동안에 그지없는 세계 바다에 두루 하여 중생들을 교화하여 아뇩다라삼먁삼보리에 향하게 하였습니다.

　여기까지가 보현보살이 선재동자에게 법을 보인 내용이다. 다른 선지식이 법을 보인 내용과 달리 선재동자가 보현보살의 모공세계에서 혹 한 세계에서 한 겁 동안을 지내면서 이와 같이 걷기도 하고, 내지 혹 말할 수 없이 말할 수 없는 세계의 티끌 수 겁 동안을 지내면서 이와 같이 걷기도 하며, 모든 하고자 하는 불사를 다 짓는다. 이것이 보현보살의 불가사의한 법이다. 그러므로 끝내는 그 닦은 바 지위가 부처

님과 같아진 것이다.

화엄경을 공부하여 설명하는 일이란 작은 반딧불이의 빛으로 일천 개의 태양이 동시에 뜬 것과 같은 밝음을 가늠하는 것과 같다. 실로 언어의 길이 끊어지고 마음으로 헤아릴 곳이 사라져 버렸다. 그동안의 이런저런 강설은 화엄경을 공부하고자 하는 사람들에게 안내하는 역할을 한다고는 하지만 그야말로 맹인이 코끼리를 만지고 나서 한 손바닥에 만져진 것만을 코끼리라고 말한 것과 다를 바 없음을 알겠다. 그렇다면 그와 같은 안내를 받아 가고 있는 사람들은 어쩌란 말인가. 이 또한 언어의 길이 끊어진 곳이리라.

5) 지위地位가 부처님과 같아지다

당시지시
當是之時하야
선재동자
善財童子가
즉차제득보현보살
則次第得普賢菩薩

의 諸行願海하야
제행원해
與普賢等하며
여보현등
與諸佛等하며
여제불등
一身이
일신

충만일체세계 찰등 행등 정각등 신
充滿一切世界하야 刹等하며 行等하며 正覺等하며 神

통등 법륜등 변재등 언사등 음성등
通等하며 法輪等하며 辯才等하며 言辭等하며 音聲等

역무외등 불소주등 대자비등 불가
하며 力無畏等하며 佛所住等하며 大慈悲等하며 不可

사의해탈자재 실개동등
思議解脫自在가 悉皆同等하니라

이러한 때를 당하여 선재동자는 차례로 보현보살의
모든 행원行願의 바다를 얻어서 보현보살과 평등하고, 모
든 부처님들과 평등하며, 한 몸이 일체 세계에 가득하
여 세계가 평등하고, 행行이 평등하고, 정각이 평등하
고, 신통이 평등하고, 법륜이 평등하고, 변재가 평등하
고, 말씀이 평등하고, 음성이 평등하고, 힘과 두려움 없
음이 평등하고, 부처님의 머무심이 평등하고, 대자대비
가 평등하고, 불가사의한 해탈과 자재함이 모두 다 평
등하였습니다.

끝으로 선재동자의 지위地位가 부처님과 같아진 것을 밝

히는 내용이다. 청량스님의 소疏에서, "지위가 부처님과 같아진 것을 밝히는 내용 가운데 처음 구절은 스스로 얻음을 밝히고, 나머지는 모두 위에서 밝힌 것과 같다. 처음의 평등〔普賢等〕은 원인이 원만함이고, 다음의 평등〔諸佛等〕은 결과가 원만함이다. 한 몸〔一身〕 이하는 평등한 모양을 따로따로 나타낸 것이다. 이것은 곧 뜻이 등각等覺에 해당한다. 원인의 지위가 이미 원만하여 더 이상 닦을 것이 없으므로 다만 같음만〔等〕을 말하고 다시 더 구함을 분별하지 않았다. 이것은 곧 일생에 한꺼번에 성불을 이룬 것이어서 펼쳐서 닦는다는 항포문行布門의 입장도 또한 만족하였다. 다만 이치에 나아가서 관했을 뿐만 아니라 처음과 뒤(원인과 결과)가 다 원만한 것이다."[2] 라고 하였다.

선재동자라는 무지하고 용렬한 박지범부薄地凡夫가 처음 발심하여 문수보살의 지시를 따라 52명의 선지식을 친견하면서 드디어 보현보살까지 친견하게 되었다. 그리고 단 한 생에 범부에서 성불에까지 이르게 된 과정을 소상히 밝혔다.

---

2) 〈二〉明位滿齊佛中：初句明自得. 餘皆等上. 初一等因圓. 次一等果滿.【一身】下, 別顯等相. 此即義當等覺. 因位既滿更無所修. 故但說等不辨更求. 此則一生頓成. 行布亦足. 非唯但約理觀. 初後圓融.

흔히 범부가 성불하기까지는 3아승지겁 동안 무수한 생을 거듭하면서 수행을 쌓아야 한다고 하였으나 이 화엄경에서는 일생에서 성불하여 마친다는 것을 보여 주었다. 실로 이 한 생에 성불하지 못한다면 다시 어느 생을 기다려서 성불하겠는가. 다음 생에 성불한다 한들 그것을 누가 어떻게 보장하겠는가. 성불을 꿈꾸는 사람들은 반드시 이 화엄경의 가르침을 기준 삼아야 할 것이다.

6) 여래의 수승한 공덕을 찬탄하다

(1) 덕德을 표하고 듣기를 권하다

이 시　보 현 보 살 마 하 살　즉 설 송 언
爾時에 **普賢菩薩摩訶薩**이 **卽說頌言**하사대

그때에 보현보살마하살이 곧 게송으로 말하였습니다.

여 등 응 제 제 혹 구　　일 심 불 란 이 체 청
汝等應除諸惑垢하고　**一心不亂而諦聽**하라

아 설 여 래 구 제 도   일 체 해 탈 진 실 도
我說如來具諸度한   **一切解脫眞實道**호리라

그대들은 응당 번뇌의 때 떨어 버리고

일심불란하게 정신 차려 자세히 들을지라.

여래께서 온갖 바라밀을 구족하시고

일체 해탈의 참된 길 가신 것을 내가 설하리로다.

실차난타(實叉難陀, 652~710)스님이 번역한 80권본 화엄경으로서는 여래의 수승한 공덕을 찬탄하여 드러내는 이 내용이 총결론이라고 할 수 있다. 보현보살은 이 화엄경을 결론 지으면서 여래의 수승한 공덕을 정리하여 찬탄하였다.

불교란 무엇인가. 부처님의 가르침이며, 부처님의 인격 즉 공덕을 드러내는 가르침이며, 모든 사람들이 듣고 알아서 그 공덕을 자신의 공덕이 되게 하는 가르침이라고 할 수 있다. 그러므로 화엄경에서 부처님의 공덕을 드러내어 찬탄하는 결론은 불교 일체 경전의 결론이기도 하다.

이제 이와 같이 중요하고 요긴한 가르침을 설하므로 모든 번뇌를 떨어 버리고 일심불란하게 정신 차려 자세히 들으라는 것이다. 여래는 온갖 바라밀을 다 구족하시고 일체 해

탈의 참된 길을 가신 분이니 내가 그러한 내용들을 설할 것
이라고 하였다.

출 세 조 유 승 장 부
出世調柔勝丈夫가

기 심 청 정 여 허 공
其心淸淨如虛空하야

항 방 지 일 대 광 명
恒放智日大光明하사

보 사 군 생 멸 치 암
普使群生滅癡暗이로다

세상을 벗어난 부드럽고 훌륭한 장부
그 마음 청정하기 허공과 같고
지혜의 태양 큰 광명을 항상 놓아서
중생들의 어리석음의 어둠을 모두 없애도다.

여 래 난 가 득 견 문
如來難可得見聞이어늘

무 량 억 겁 금 내 치
無量億劫今乃値하니

여 우 담 화 시 일 현
如優曇華時一現이라

시 고 응 청 불 공 덕
是故應聽佛功德이어다

여래는 보기 어렵고 듣기 어렵거늘
한량없는 억겁에 이제 만났으니

마치 우담바라꽃이 어쩌다 한 번 핀 듯하니

그러므로 부처님의 공덕을 응당 들을지어다.

여래가 세상에 출현하신 일은 마치 우담바라꽃이 무량
무수겁에 한 번 핀 것과 같이 보기도 어렵고 듣기도 어렵다.
"그러므로 부처님의 공덕을 응당 들을지어다." 어찌하여 이
와 같은 천재일우千載一遇의 기회를 놓칠 수 있겠는가.

수 순 세 간 제 소 작
隨順世間諸所作이　　　比 여 환 사 현 중 업
譬如幻士現衆業이니

단 위 열 가 중 생 심
但爲悅可衆生心이언정　　미 증 분 별 기 상 념
未曾分別起想念이로다

세간을 수순하며 지으시는 일이

요술쟁이가 모든 일을 나타내는 듯하니

다만 중생들의 마음을 기쁘도록 할지언정

분별하여 여러 생각 내지는 않았도다.

부처님께서 세상 사람들의 팔만사천 근기와 수준을 따

라서 횡설수설橫說竪說하며 갖가지 불사를 지으신 일들이 마치 요술쟁이가 요술을 부리듯이 하였다. 요술쟁이가 요술을 부리며 온갖 일을 나타내 보이는 것이 어찌 다른 뜻이 있겠는가. 다만 사람들을 즐겁게 하고자 한 것뿐이다. 그러므로 부처님의 설법을 일심으로 귀담아 듣는다면 즐겁고 행복하리라.

(2) 대중들이 갈앙하다

이시 제보살 문차설이 일심갈앙 유
爾時에 諸菩薩이 聞此說已하고 一心渴仰하야 唯

원득문여래세존 진실공덕 함작시념 보
願得聞如來世尊의 眞實功德하야 咸作是念호대 普

현보살 구수제행 체성청정 소유언설
賢菩薩이 具修諸行하사 體性淸淨하며 所有言說이

개실불허 일체여래 공소칭탄 작시
皆悉不虛하시니 一切如來의 共所稱歎이라하야 作是

념이 심생갈앙
念已하고 深生渴仰하니라

그때에 모든 보살들이 이 게송을 듣고 일심으로 갈앙하며, 여래 세존의 진실한 공덕을 듣기 원하여 이렇게 생각하였습니다. '보현보살은 모든 행을 갖추어 닦으시고 자체의 성품이 청정하시며 하시는 말씀이 헛되지 않으시니, 일체 여래께서 함께 칭찬하시니라.' 이러한 생각을 하고는 갈앙하는 마음이 더욱 간절하였습니다.

(3) 공덕을 설하는 한계를 밝히다

이시보현보살 공덕지혜 구족장엄 유여
爾時普賢菩薩이 功德智慧로 具足莊嚴을 猶如

연화 불착삼계일체진구 고제보살언
蓮華하야 不着三界一切塵垢러니 告諸菩薩言하사대

여등 체청 아금욕설불공덕해일적지상
汝等은 諦聽하라 我今欲說佛功德海一滴之相이로라

즉설송언
卽說頌言

그때에 보현보살이 공덕과 지혜를 갖추어 장엄하시니, 마치 연꽃이 세 세계의 모든 티끌에 묻지 않는 것과 같아서 모든 보살들에게 말하였습니다. "그대들은 자세히 들으십시오. 내가 이제 부처님의 공덕 바다에서 한 방울만큼만 말하려 합니다."하고는 곧바로 게송을 설하였습니다.

보현보살이 부처님의 공덕을 설하려고 하면서 먼저 부처님의 공덕에 대해서 생각해 보니 아무리 잘 설명한다 하더라도 마치 큰 바다에서 한 방울의 물을 말하는 것과 같다는 것을 알게 되었다. 설명을 듣고 읽는 우리들도 그와 같이 알아야 할 것이다. 어찌 언어로 설명이 되겠는가.

(4) 아는 것의 장애 없는 공덕을 밝히다

불 지 광 대 동 허 공
佛智廣大同虛空하사

보 변 일 체 중 생 심
普徧一切衆生心하사

실 료 세 간 제 망 상
悉了世間諸妄想하사대

불 기 종 종 이 분 별
不起種種異分別이로다

부처님의 지혜 광대하기가 허공과 같아서

일체 중생들의 마음에 널리 두루 하시고

세간의 모든 헛된 생각을 다 알지만

가지가지 다른 분별 내지 않도다.

일 념 실 지 삼 세 법　　　　　역 료 일 체 중 생 근
一念悉知三世法하며　　　亦了一切衆生根하시니

비 여 선 교 대 환 사　　　　　염 념 시 현 무 변 사
譬如善巧大幻師가　　　念念示現無邊事로다

한 생각에 세 세상 법을 모두 다 알고
일체 중생들의 근성도 또한 잘 아시나니
비유하면 교묘한 요술쟁이가
잠깐잠깐 끝없는 일을 나타내는 것과 같도다.

부처님은 그 지혜가 허공과 같아서 무엇을 알아도 아는
것에는 아무런 장애가 없다. 그러므로 중생들의 일과 세상
사에 대해서 모르는 것이 없음을 밝혔다.

(5) 진여의 청정한 공덕을 밝히다

수 중 생 심 종 종 행　　　　　왕 석 제 업 서 원 력
隨衆生心種種行하사　　　往昔諸業誓願力으로

영 기 소 견 각 부 동　　이 불 본 래 무 동 념
令其所見各不同이나　　**而佛本來無動念**이로다

중생들의 마음과 갖가지 행을 따라

옛날의 모든 업과 서원의 힘으로

그들의 보는 것이 같지 않지만

부처님은 본래로 생각이 동요하지 않도다.

부처님은 중생들의 마음과 갖가지 행위를 따라 다 알고 다 보지만 본래로 생각이 동요하지 않는 것은 진여의 청정하고 텅 빈 공덕의 힘이다.

(6) 불사를 쉬지 않는 청정한 공덕

혹 유 처 처 견 불 좌　　충 만 시 방 제 세 계
或有處處見佛坐하사　　**充滿十方諸世界**하며

혹 유 기 심 불 청 정　　무 량 겁 중 불 견 불
或有其心不淸淨하야　　**無量劫中不見佛**이로다

혹 어떤 이는 곳곳마다 부처님께서

시방 모든 세계에 가득함을 친견하지마는

혹 어떤 이는 마음이 청정하지 못해서

무량겁에도 부처님을 보지 못하도다.

혹 유 신 해 이 교 만   발 의 즉 득 견 여 래
或有信解離憍慢하야   發意卽得見如來하며

혹 유 첨 광 부 정 심   억 겁 심 구 막 치 우
或有諂誑不淨心으로   億劫尋求莫値遇로다

혹 어떤 이는 믿고 알아 교만이 없어

생각대로 여래를 친견하지마는

혹 어떤 이는 아첨하고 거짓되고 마음이 부정하여

억겁 동안 찾아도 만나지 못하도다.

혹 일 체 처 문 불 음   기 음 미 묘 영 심 열
或一切處聞佛音에   其音美妙令心悅하며

혹 유 백 천 만 억 겁   심 부 정 고 불 문 자
或有百千萬億劫이라도   心不淨故不聞者로다

혹 어떤 이는 간 데마다 부처님 음성 들어

그 소리 미묘하여 마음을 기쁘게 하나

혹 어떤 이는 백천만억 겁을 지내도
마음이 부정하여 듣지 못하도다.

부처님은 언제 어디서나 불사佛事를 쉬지 않는 청정한 공
덕이 있지만 중생들은 그들의 마음을 따라 혹 친견하는 이
도 있고 친견하지 못하는 이도 있음을 밝혔다.

(7) 부처님과 보살들이 국토를 장엄한 공덕

혹 견 청 정 대 보 살　　충 만 삼 천 대 천 계
或見淸淨大菩薩이　**充滿三千大千界**하야

개 이 구 족 보 현 행　　여 래 어 중 엄 연 좌
皆已具足普賢行이어든　**如來於中儼然坐**로다

혹 어떤 청정한 큰 보살들이
삼천대천세계에 가득 차 있어
이미 다 보현의 온갖 행을 다 갖추어서
여래께서 그 가운데에 의젓하게 앉아 있음을 보도다.

혹 견 차 계 묘 무 비   불 무 량 겁 소 엄 정
或見此界妙無比하니   **佛無量劫所嚴淨**이라

비 로 자 나 최 승 존   어 중 각 오 성 보 리
毘盧遮那最勝尊이   **於中覺悟成菩提**로다

혹은 보니 이 세계가 미묘하기 짝이 없으니

부처님이 무량겁에 장엄하신 바라

비로자나 거룩하신 부처님께서

그 안에서 깨달아 보리를 이루었도다.

혹 견 연 화 승 묘 찰   현 수 여 래 주 재 중
或見蓮華勝妙刹에   **賢首如來住在中**이어든

무 량 보 살 중 위 요   개 실 근 수 보 현 행
無量菩薩衆圍繞하야   **皆悉勤修普賢行**이로다

혹은 보니 아름다운 연꽃세계에

현수賢首여래가 그 가운데 앉아 계신데

한량없는 보살 대중 둘러 모시고

모두 다 보현행을 부지런히 닦도다.

혹유견불무량수　　관자재등소위요
或有見佛無量壽는　**觀自在等所圍繞**니

실이주어관정지　　충만시방제세계
悉已住於灌頂地하야　**充滿十方諸世界**로다

혹은 보니 무량수無量壽 부처님 계시는 곳에

관자재 등 보살들이 둘러 모시니

이미 다 정수리에 물 붓는 지위에서

시방의 모든 세계에 가득 찼도다.

혹유견차삼천계　　종종장엄여묘희
或有見此三千界가　**種種莊嚴如妙喜**하야

아촉여래주재중　　급여향상제보살
阿閦如來住在中과　**及如香象諸菩薩**이로다

혹 어떤 이는 이 삼천대천세계가

여러 가지 장엄이 묘희妙喜세계 같은데

아촉阿閦여래 그 가운데 앉아 계시고

향상香象과 같은 모든 보살 다 보도다.

혹 견 월 각 대 명 칭 　　여 금 강 당 보 살 등
或見月覺大名稱이 　**與金剛幢菩薩等**으로

주 여 원 경 묘 장 엄 　　보 변 시 방 청 정 찰
住如圓鏡妙莊嚴하사 　**普徧十方淸淨刹**이로다

혹은 보니 소문 높은 월각月覺 부처님

금강당金剛幢 보살님과 함께하시어

둥근 거울 같은 묘한 장엄에 머물러 있어

시방의 청정세계에 두루 하도다.

혹 견 일 장 세 소 존 　　주 선 광 명 청 정 토
或見日藏世所尊이 　**住善光明淸淨土**하사

급 여 관 정 제 보 살 　　충 변 시 방 이 설 법
及與灌頂諸菩薩로 　**充徧十方而說法**이로다

혹은 보니 일장日藏 세존 부처님께서

좋은 광명 청정한 국토에 계셔

정수리에 물 부은 보살과 함께

시방에 가득하여 법을 설하도다.

혹 견 금 강 대 염 불　　　　이 여 지 당 보 살 구
或見金剛大焰佛이　　　**而與智幢菩薩俱**하사

주 행 일 체 광 대 찰　　　　설 법 제 멸 중 생 예
周行一切廣大刹하야　　**說法除滅衆生翳**로다

혹은 보니 금강 큰 불꽃 부처님이

지혜 당기幢旗 보살과 함께하시어

광대한 모든 세계에 두루 다니며

법을 설해 중생들의 눈병을 없애도다.

　부처님과 보살들이 국토를 두루 장엄한 공덕을 밝혔다. 옛말에 그 사람을 알려면 그의 친구를 보라고 하였다. 부처님이 계시는 곳에는 언제나 훌륭한 보살들이 두루 장엄하여 계시는 것을 알 수 있다. 비로자나 부처님, 현수여래, 무량수 부처님, 아촉여래, 월각 부처님, 일장세존, 금강 큰 불꽃 부처님 등 부처님의 회상에 보살들이 둘러 계시는 모습이 곧 그 부처님들의 공덕을 나타낸 것임을 알 수 있다.

(8) 미세하게 수용하여 법륜을 굴리는 공덕

일 일 모 단 불 가 설
一一毛端不可說

제 불 구 상 삼 십 이
諸佛具相三十二어든

보 살 권 속 공 위 요
菩薩眷屬共圍繞하야

종 종 설 법 도 중 생
種種說法度衆生이로다

하나하나 털끝마다 말할 수 없는

모든 부처님이 삼십이상 구족하시고

여러 보살 권속에게 호위되어서

가지가지 법을 설해 중생을 제도하도다.

혹 유 관 견 일 모 공
或有觀見一毛孔의

구 족 장 엄 광 대 찰
具足莊嚴廣大刹에

무 량 여 래 실 재 중
無量如來悉在中하고

청 정 불 자 개 충 만
淸淨佛子皆充滿이로다

혹 어떤 이는 한 모공을 보니

구족하게 장엄한 광대한 세계에

한량없는 여래가 가운데 계시고

청정한 불자들이 충만하도다.

혹 유 견 일 미 진 내   구 유 항 사 불 국 토
或有見一微塵內에   **具有恒沙佛國土**어든

무 량 보 살 실 충 만   불 가 설 겁 수 제 행
無量菩薩悉充滿하야   **不可說劫修諸行**이로다

혹은 보니 조그만 한 티끌 속에

항하강 모래 수의 국토가 있고

한량없는 보살들이 다 충만하여

말할 수 없는 겁에 모든 행을 닦도다.

혹 유 견 일 모 단 처   무 량 진 사 제 찰 해
或有見一毛端處에   **無量塵沙諸刹海**가

종 종 업 기 각 차 별   비 로 자 나 전 법 륜
種種業起各差別이어든   **毘盧遮那轉法輪**이로다

혹은 보니 한 털끝만 한 곳에

한량없는 티끌 수 세계 바다가 있어

가지가지 짓는 업이 각각 다른데

비로자나 부처님께서 법륜을 굴리도다.

화엄경은 광대한 것을 말할 때는 무한한 우주법계를 하

나도 빼지 않고 다 거론하면서, 작고 미세한 것을 말할 때는 한 모공 속에 우주법계가 다 들어 있고, 작은 먼지 속에 항하강의 모래 수와 같이 많고 많은 국토가 있으며, 그 국토마다 또 보살들이 충만하여 보살행을 닦고 있음을 이야기한다. 이것이 부처님이 미세하게 수용하여 법륜을 굴리는 공덕이다.

(9) 여러 가지를 다 포섭한 공덕

혹 견 세 계 불 청 정
或見世界不淸淨하며

혹 견 청 정 보 소 성
或見淸淨寶所成이어든

여 래 주 수 무 량 시
如來住壽無量時와

내 지 열 반 제 소 현
乃至涅槃諸所現이로다

혹은 보니 어떤 세계는 청정하지 않고
혹은 보니 어떤 세계는 훌륭한 보배로 되어
여래께서 한량없이 오래 머무시는 때와
열반하실 때까지를 모두 나타내도다.

보변시방제세계
普徧十方諸世界하사

종종시현부사의
種種示現不思議라

수제중생심지업
隨諸衆生心智業하야

미불화도영청정
靡不化度令淸淨이로다

시방의 모든 세계 두루 하여서

갖가지로 부사의한 일을 나타내 보이고

중생들의 마음과 지혜와 업을 따라서

교화하여 모두 다 청정하게 하도다.

여시무상대도사
如是無上大導師가

충만시방제국토
充滿十方諸國土하사

시현종종신통력
示現種種神通力을

아설소분여당청
我說少分汝當聽이어다

이와 같은 위없는 대도사大導師들이

시방의 모든 국토 가득 차 있어

가지가지 신통한 힘 나타내심을

내 조금 말하리니 그대 응당 들을지라.

(10) 일체 장애를 다스린 공덕

혹 견 석 가 성 불 도 이 경 불 가 사 의 겁
或見釋迦成佛道가 **已經不可思議劫**하며

혹 견 금 시 위 보 살 시 방 이 익 제 중 생
或見今始爲菩薩하사 **十方利益諸衆生**이로다

혹은 보니 석가여래 불도를 이루신 지

불가사의한 많은 겁을 이미 지났고

혹은 보니 이제 처음 보살이 되어

시방에서 모든 중생 이익되게 하도다.

혹 유 견 차 석 사 자 공 양 제 불 수 행 도
或有見此釋獅子가 **供養諸佛修行道**하며

혹 견 인 중 최 승 존 현 종 종 력 신 통 사
或見人中最勝尊이 **現種種力神通事**로다

혹은 보니 석가모니 사자께서

부처님께 공양하며 도를 행하고

혹은 보니 사람 중에 가장 높은 이

가지가지 힘과 신통한 일 나타내도다.

혹 견 보 시 혹 지 계 　　　 혹 인 혹 진 혹 제 선
或見布施或持戒와　　 **或忍或進或諸禪**과

반 야 방 편 원 력 지 　　　 수 중 생 심 개 시 현
般若方便願力智로　　 **隨衆生心皆示現**이로다

혹은 보니 보시하고 계율도 갖고

혹은 인욕 혹은 정진 혹은 선정과

반야와 방편과 원과 힘과 지혜로

중생의 마음 따라 다 나타내도다.

대승불교가 중생들에게 베푸는 가르침은 육바라밀과 사
섭법과 사무량심과 십바라밀이다. 그중에서 화엄경은 특별
히 십바라밀을 강조하는데 그 내용을 들어 밝혔다.

(11) 일체 외도를 항복받은 공덕

혹 견 구 경 바 라 밀 　　　 혹 견 안 주 어 제 지
或見究竟波羅蜜하며　 **或見安住於諸地**하사

총 지 삼 매 신 통 지 　　　 여 시 실 현 무 부 진
總持三昧神通智를　　 **如是悉現無不盡**이로다

혹은 보니 바라밀다 끝까지 닦고
혹은 보니 모든 지위에 편안히 머물러
다라니와 삼매와 신통과 지혜
이런 것을 나타내어 다함없도다.

혹 현 수 행 무 량 겁　　　주 어 보 살 감 인 위
或現修行無量劫하야　　**住於菩薩堪忍位**하며

혹 현 주 어 불 퇴 지　　　혹 현 법 수 관 기 정
或現住於不退地하며　　**或現法水灌其頂**이로다

혹은 한량없는 겁 동안에 수행도 하고
보살의 견디고 참는 지위에 머묾을 나타내며
혹은 물러나지 않는 곳에 머묾을 나타내며
혹은 정수리에 법의 물 부음을 나타내기도 하도다.

혹 현 범 석 호 세 신　　　혹 현 찰 리 바 라 문
或現梵釋護世身하며　　**或現刹利婆羅門**하니

종 종 색 상 소 장 엄　　　유 여 환 사 현 중 상
種種色相所莊嚴이　　**猶如幻師現衆像**이로다

혹은 범왕과 제석과 사천왕을 나타내고

혹은 찰제리와 바라문도 나타내어서

가지가지 모양으로 장엄하는 일

요술쟁이가 여러 형상 만들어 내듯 하도다.

부처님께서 모든 바라밀과 모든 지위와 다라니와 총지와 삼매와 신통과 지혜 등을 닦아서 일체 외도를 모두 항복받은 공덕을 밝혔다.

(12) 팔상성도를 나타내는 걸림 없는 공덕

혹 현 도 솔 시 강 신　　　　혹 견 궁 중 수 빈 어
或現兜率始降神하며　　**或見宮中受嬪御**하며

혹 견 기 사 제 영 락　　　　출 가 이 속 행 학 도
或見棄捨諸榮樂하고　　**出家離俗行學道**로다

혹은 도솔천에서 처음으로 내려오며

혹은 궁중에서 시녀들이 맞아들이며

혹은 모든 향락을 모두 버리고

출가하여 세속 떠나 도를 배우도다.

혹견 시생 혹견 멸　　　혹견 출 가 학 이 행
或見始生或見滅하며　　或見出家學異行하며

혹 견 좌 어 보 리 수　　항 복 마 군 성 정 각
或見坐於菩提樹하사　　降伏魔軍成正覺이로다

혹은 태어남을 보고 혹은 적멸을 보며

혹은 출가하여 다른 행을 배움을 보고

혹은 보니 보리수 아래에 앉아서

마군을 항복받고 정각 이룸을 보이도다.

혹유 견 불 시 열 반　　혹 견 기 탑 변 세 간
或有見佛始涅槃하며　　或見起塔徧世間하며

혹 견 탑 중 입 불 상　　이 지 시 고 여 시 현
或見塔中立佛像하니　　以知時故如是現이로다

혹은 부처님이 처음으로 열반에 듦을 보이고

혹은 탑을 쌓아 세간에 가득함을 보이고

혹은 탑 가운데 불상을 모신 것을 보이니

때를 알아 이와 같이 나타내도다.

혹 견 여 래 무 량 수　　　여 제 보 살 수 존 기
或見如來無量壽가　　　**與諸菩薩授尊記**하사

이 성 무 상 대 도 사　　　차 보 주 어 안 락 찰
而成無上大導師하야　　　**次補住於安樂刹**이로다

혹은 보니 무량수 부처님께서

모든 보살들께 수기 주시되

위없는 대도사가 되리라 하여

보처불補處佛로 극락세계에 머물게 하도다.

혹 견 무 량 억 천 겁　　　작 불 사 이 입 열 반
或見無量億千劫에　　　**作佛事已入涅槃**하며

혹 견 금 시 성 보 리　　　혹 견 정 수 제 묘 행
或見今始成菩提하며　　　**或見正修諸妙行**이로다

혹은 보니 한량없는 억천겁 동안

부처님 일 지으시고 열반에 들며

혹은 보니 이제 처음 보리 이루고

혹은 보니 묘한 행을 닦기도 하도다.

부처님의 일생을 팔상성도八相成道로써 나타내는데 여기

에서 간략히 열거하여 밝혔다. 또 팔상성도 외에 부처님이 열반하신 뒤에 혹은 탑을 쌓아 세간에 가득하게 하기도 한 내용들을 보였다.

(13) 천궁에 머문 걸림 없는 공덕

혹 견 여 래 청 정 월
或見如來清淨月이

재 어 범 세 급 마 궁
在於梵世及魔宮과

자 재 천 궁 화 락 궁
自在天宮化樂宮하사

시 현 종 종 제 신 변
示現種種諸神變이로다

혹은 보니 여래의 청정한 달이
범천의 세상과 마의 궁전과
자재천궁과 화락천에 계시기도 하여
가지가지 신통변화를 나타내 보이도다.

혹 견 재 어 도 솔 궁
或見在於兜率宮하사

무 량 제 천 공 위 요
無量諸天共圍繞어든

위 피 설 법 영 환 희
爲彼說法令歡喜하야

실 공 발 심 공 양 불
悉共發心供養佛이로다

혹은 보니 도솔천궁에

한량없는 천인이 둘러 모시고

그들에게 법을 설해 환희케 하며

다 같이 발심하여 부처님께 공양하도다.

혹 견 주 재 야 마 천　　　도 리 호 세 용 신 처
或見住在夜摩天과　　忉利護世龍神處의

여 시 일 체 제 궁 전　　　막 불 어 중 현 기 상
如是一切諸宮殿하사　莫不於中現其像이로다

혹은 보니 야마천과

도리천과 사천왕과 용과 신들의 곳에

이와 같은 여러 가지 궁전에 있어

그 안에서 형상을 다 나타내도다.

　부처님이 온갖 천궁에 나타나신 공덕을 밝혔다. 범천의
세상과 마의 궁전과 자재천궁과 화락천과 도솔천과 야마
천과 도리천과 사천왕과 용과 신들의 곳에도 다 나타내 보
였다.

(14) 세간을 따라 교화하는 걸림 없는 공덕

어 피 연 등 세 존 소 　　　　산 화 포 발 위 공 양
於彼燃燈世尊所에　　**散華布髮爲供養**하고

종 시 요 지 심 묘 법 　　　　항 이 차 도 화 군 생
從是了知深妙法하사　**恒以此道化群生**이로다

연등불 세존님께 꽃을 흩으며

머리카락 땅에 깔아 공양하시고

그로부터 깊고 묘한 법 잘 깨달아

언제나 이 길로써 중생을 교화하도다.

세간을 따라 교화하는 걸림 없는 공덕을 밝히는 내용에
석가모니 부처님이 과거 세상에 선혜善慧라는 비구가 되어 연
등燃燈부처님께 꽃을 흩어 공양하고, 머리카락을 잘라서 부
처님이 지나가는 길에 진흙을 덮어서 밟고 가시게 한 일과
미묘한 법을 깨달아 중생들을 교화한 공덕을 밝혔다.

혹 유 견 불 구 열 반 　　　　혹 견 초 시 성 보 리
或有見佛久涅槃하며　　**或見初始成菩提**하며

혹 견 주 어 무 량 겁　　　　혹 견 수 유 즉 멸 도
或見住於無量劫_{하며}　　**或見須臾卽滅度**_{로다}

혹은 보니 오래전에 열반하신 부처님도 있고

혹은 보니 처음으로 보리 이루며

혹은 보니 한량없는 겁에 머무르시기도 하고

혹은 보니 잠깐 만에 곧바로 열반에 들도다.

신 상 광 명 여 수 명　　　　지 혜 보 리 급 열 반
身相光明與壽命_과　　**智慧菩提及涅槃**_과

중 회 소 화 위 의 성　　　　여 시 일 일 개 무 수
衆會所化威儀聲_이　　**如是一一皆無數**_{로다}

모습이나 광명이나 사는 수명과

지혜로나 보리나 열반하는 일

회중이나 교화받는 위의와 음성

이런 것이 낱낱이 수가 없도다.

혹 현 기 신 극 광 대　　　　비 여 수 미 대 보 산
或現其身極廣大_가　　**譬如須彌大寶山**_{하며}

혹 견 가 부 부 동 요 충 만 무 변 제 세 계
或見跏趺不動搖하며 **充滿無邊諸世界**로다

혹은 그 몸 나타낸 것이 광대하기가

비유하면 큰 보배 수미산 같고

혹은 보니 가부좌하여 움직이지 않아

그지없는 세계가 충만하도다.

혹 견 원 광 일 심 량 혹 견 천 만 억 유 순
或見圓光一尋量하며 **或見千萬億由旬**하며

혹 견 조 어 무 량 토 혹 견 충 만 일 체 찰
或見照於無量土하며 **或見充滿一切刹**이로다

혹은 보니 둥근 광명 한 길도 되고

혹은 보니 천만억 유순도 되며

혹은 보니 한량없는 국토를 비추다가도

혹은 보니 온 세계에 충만하도다.

혹 견 불 수 팔 십 년 혹 수 백 천 만 억 세
或見佛壽八十年하며 **或壽百千萬億歲**하며

혹 주 불 가 사 의 겁　　여 시 전 전 배 과 차
或住不可思議劫하사　　**如是展轉倍過此**로다

혹은 보니 부처님 수명 팔십 년을 살고

혹은 백천만억 세월을 살기도 하며

혹은 헤아릴 수 없는 겁을 살기도 하여

이와 같이 몇 곱절을 더 지나가도다.

세간을 따라 교화하는 걸림 없는 공덕을 밝히는 내용 중에 정각을 이루고, 열반에 들고, 세상에 머무시는 수명이 길기도 하고 짧기도 하며, 몸의 크기가 크기도 하고 작기도 하며, 또 부처님의 수명이 팔십 년을 살기도 하고 백천만억 세월을 살기도 하는 것 등을 밝혔다.

(15) 걸림 없는 지혜가 근기를 따라 두루 하다

불 지 통 달 정 무 애　　일 념 보 지 삼 세 법
佛智通達淨無礙하사　　**一念普知三世法**이

개 종 심 식 인 연 기　　생 멸 무 상 무 자 성
皆從心識因緣起라　　**生滅無常無自性**이로다

부처님 지혜 깨끗하고 걸림이 없어

한 생각에 세 세상 법 두루 다 알되

모두가 마음의 인연으로 생긴 것이라

생멸이 덧없으며 자성自性이 없도다.

어 일 찰 중 성 정 각　　　　일 체 찰 처 실 역 성
於一刹中成正覺하사　　**一切刹處悉亦成**하며

일 체 입 일 일 역 이　　　　수 중 생 심 개 시 현
一切入一一亦爾하야　　**隨衆生心皆示現**이로다

한 세계 가운데서 정각正覺 이루고

모든 세계 곳곳마다 다 또한 이루며

모든 것 하나에 들고 하나도 또한 그러해

중생의 마음 따라 나타내 보이도다.

부처님은 걸림이 없는 지혜가 있어서 어떤 근기도 다 따라서 이르지 않는 데가 없다. 즉 한순간에 과거와 미래와 현재의 모든 법을 널리 다 안다. 또 한 세계에서도 정각을 이루고 일체 세계에서도 다 또한 정각을 이룬다.

(16) 정법을 세운 공덕

1〉 삼승법三乘法과 업의 작용을 나타내다

여 래 주 어 무 상 도
如來住於無上道하사

성 취 십 력 사 무 외
成就十力四無畏하며

구 족 지 혜 무 소 애
具足智慧無所礙하사

전 어 십 이 행 법 륜
轉於十二行法輪이로다

여래는 위없는 도에 머무시어

열 가지 힘과 네 가지 두려움 없음을 성취하시고

지혜를 구족하고 걸림 없으시니

열두 가지 행의 법륜을 굴리시도다.

여래께서는 가장 높은 도에 머무시어 설하지 않은 법이 없다. 열거하는 법 가운데 열 가지 힘의 십력을 먼저 들었다. 열 가지 힘, 즉 십력+力은 범어로는 Daśa-balah이다. 부처님께만 있는 열 가지 심력心力으로서 ① 중생의 옳은 곳과 그른 곳을 아는 지혜의 힘[處非處智力] ② 과거 미래 현재에 업으로 받는 과보를 아는 지혜의 힘[業異熟智力] ③ 모든 선정과 해탈과 삼매와 때 묻고 깨끗함이 일어나는 때와 때 아님을 아는 지혜의 힘[靜慮解脫等持等至智力] ④ 모든 근성이 영리하고 둔

함을 아는 지혜의 힘[根上下智力] ⑤ 가지가지 이해를 아는 지혜의 힘[種種勝解智力] ⑥ 갖가지 경계를 아는 지혜의 힘[種種界智力] ⑦ 온갖 곳에 이르러 갈 길을 아는 지혜의 힘[遍趣行智力] ⑧ 일체 세계에서 지난 세상에 머물던 일을 기억함에 따라 아는 지혜의 힘[宿住隨念智力] ⑨ 죽은 뒤에 어디에 태어나는지를 아는 지혜의 힘[死生智力] ⑩ 누진통의 지혜의 힘[漏盡智力]이다.

또 네 가지 두려움 없음을 들었는데 사무외 또는 사무소외[四無所畏]라고 한다. 불보살이 설법할 적에 두려운 생각이 없는 지력[智力]의 네 가지이다. ① 정등각무외[正等覺無畏]는 일체 모든 법을 평등하게 깨달아 다른 이의 힐난[詰難]을 두려워하지 않는 것이고 ② 누영진무외[漏永盡無畏]는 온갖 번뇌를 다 끊었노라고 하여 외난[外難]을 두려워하지 않는 것이고 ③ 설장법무외[說障法無畏]는 보리를 장애하는 것을 말하되 악법[惡法]은 장애되는 것이라고 말해서 다른 이의 비난을 두려워하지 않는 것이고 ④ 설출도무외[說出道無畏]는 고통 세계를 벗어나는 요긴한 길을 표시해서 다른 이의 비난을 두려워하지 않는 것이다.

또 지혜를 구족하고 걸림이 없어서 열두 가지 행의 법륜을 굴린다[十二行法輪]는 것은 달리 말하면 삼전십이행상三轉十二行相이다. 또 삼전법륜三轉法輪이라고도 하는데 부처님이 녹야원에서 성문승에 대하여 4제諦의 법문을 말씀하실 때의 시전示轉 · 권전勸轉 · 증전證轉을 말한다. 상근上根은 시전으로써, 중근中根은 권전으로써, 하근下根은 증전으로써 각각 깨닫는다 하였다. 또 이 3전은 견도見道 · 수도修道 · 무학도無學道에 배대하기도 한다.

요 지 고 집 급 멸 도
了知苦集及滅道하며

분 별 십 이 인 연 법
分別十二因緣法하며

법 의 요 설 사 무 애
法義樂說辭無礙여

이 시 사 변 광 개 연
以是四辯廣開演이로다

고집멸도苦集滅道를 분명히 알고

열두 가지 인연법을 분별하시며

법과 뜻과 듣기 좋고 걸림 없는 말

네 가지 변재로써 연설하시도다.

또 고집멸도苦集滅道는 사제四諦, 사성제四聖諦라고도 한다.

고苦 · 집集 · 멸滅 · 도道로써 초기불교의 강요를 나타낸 전형으로, 제諦는 불변여실不變如實의 진상眞相이란 뜻이다. ① 고제苦諦는 현실의 상相을 나타낸 것이니, 현실의 인생은 고苦라고 관하는 것이며 ② 집제集諦는 고苦의 이유근거理由根據 혹은 원인原因이라고도 하니, 고의 원인은 번뇌인데 특히 애욕과 업業을 말한다. 위의 2제는 유전流轉하는 인과이다. ③ 멸제滅諦는 깨달을 목표이다. 곧 이상理想의 열반을 말한다. ④ 도제道諦는 열반에 이르는 방법으로서 곧 실천하는 수단이다. 위의 2제는 오悟의 인과이다. 이 사제 자체에는 아무런 적극적인 내용이 들어 있지 않지만, 후대에 이르면서 매우 중요시하게 된 데는 여러 가지 체계를 포괄하여 조직적으로 취급한 것이 있다. 고제는 무상無常 · 고苦 · 무아無我 · 5온蘊 설說을, 집제 · 멸제는 연기설緣起說을, 도제는 8성도聖道설을 표하는 것이 되었다.

열두 가지 인연법이라는 십이연기十二緣起는 또는 십이인연十二因緣 · 십이유지十二有支 · 십이지十二支 · 십이인생十二因生 · 십이연문十二緣門 · 십이견련十二牽連 · 십이극원十二棘園 · 십이중성十二重城 · 십이형극림十二荊棘林 등으로 표현한다. 3계에 대한 미迷의 인과를 12로 나눈 것이다. ① 무명無明은 미迷의 근본인 무지無知이다. ② 행行은 무지로부터 다음의 의식 작용을 일으키는 동작이다. ③ 식識은 의식 작용이다. ④ 명색名色은 이름만 있고 형상이 없는 마음과 형체가 있는 물질이다. ⑤ 육처六處는 안眼·이耳·비鼻·설舌·신身의 5관官과 의근意根이다. ⑥ 촉觸은 사물에 접촉함이다. ⑦ 수受는 외계外界로부터 받아들이는 고苦·낙樂의 감각이다. ⑧ 애愛는 고통을 피하고 즐거움을 구함이다. ⑨ 취取는 자기가 욕구하는 물건을 취함이다. ⑩ 유有는 업業의 다른 이름이다. 즉 다음 세상의 결과를 불러올 업이다. ⑪ 생生은 이 몸을 받아 남이다. ⑫ 노사老死는 늙어서 죽음이다. 또 어떤 때는 연기를 해석할 적에 1찰나刹那에 12연기를 갖춘다는 학설과, 시간적으로 3세世에 걸쳐 설명하는 2종이 있다. 뒤의 뜻을 따르면 양중인과兩重因果가 있다. 곧 식識으로 수受까지의 5를 현재의 5과果라 하고, 무명·행을 현재의 과보를 받게 한 과거의 2인因이라 한다[過現一重因果]. 다음에 애·취는 과거의 무명과 같은 혹惑이고, 유有는 과거의 행과 같은 업業이니, 이 현재의 3인因에 의하여 미래의 생·노사의 과果를 받는다고 하였다.

법과 뜻과 듣기 좋고 걸림 없는 말의 네 가지 변재의 사무애변四無礙辯은 사무애지四無礙智·사무애해四無礙解라고도 한다. 마음의 방면으로는 지智 또는 해解라 하고 입의 방면으로는 변辯이라 한다. ① 법무애法無礙는 온갖 교법에 통달한 것이며 ② 의무애義無礙는 온갖 교법의 요의要義를 아는 것이며 ③ 사무애辭無礙는 여러 가지 말을 알아 통달하지 못함이 없는 것이며 ④ 요설무애樂說無礙는 온갖 교법을 알아 기류機類가 듣기 좋아하는 것을 말하는 데 자재한 것이다.

제 법 무 아 무 유 상
諸法無我無有相하며

업 성 불 기 역 무 실
業性不起亦無失하야

일 체 원 리 여 허 공
一切遠離如虛空을

불 이 방 편 이 분 별
佛以方便而分別이로다

모든 법은 '나'가 없고 모양도 없고
업의 성품 일으키지 않고 잃지도 않아
모든 일 멀리 떠나 허공 같으나
부처님은 방편으로 분별하시도다.

제법무아諸法無我의 이론은 초기불교에서 가장 많이 거론되는 법이다. 초기불교의 주장대로 살펴본다. 제법무아의 무아無我란, 몸과 마음을 상일常一 주재主宰하는 작용이 있는 영구불변하는 주체를 아我라고 하나 이것은 외도와 범부가 잘못 안 것으로 실은 이와 같은 아我는 없다. 우리의 몸과 마음은 5온蘊이 가정적으로 화합하여 있는 것인데, 범부는 그 작용에 미迷하여 실아實我를 인정하지만 실은 특별히 주체라고 인정할 만한 것은 아무것도 없다. 이를 인무아人無我라 한다. 외도·범부는 모든 법에 대해서 실아實我가 있고 실법實法이 있다는 그릇된 소견을 내고 만상萬像은 상주실재常住實在라고 잘못 알아 법아法我가 있다고 생각하나, 실은 본래 인연 화합으로 생긴 가법假法이므로 따로 법아라 할 것이 없다. 이것을 법무아法無我라 한다. 또 유정有情도 마찬가지로 5온蘊에 의하여 성립된 가유假有의 존재이므로, 5온을 여의고는 따로 실체나 자성을 가진 아我가 없기 때문에 모든 법은 다 무아라 한다.

여래 여시 전법륜　　　　　보 진 시 방 제 국 토
如來如是轉法輪에　　　　普震十方諸國土하시니

궁 전 산 하 실 요 동　　　　불 사 중 생 유 경 포
宮殿山河悉搖動이나　　　不使衆生有驚怖로다

여래께서 이와 같이 법륜 굴리어

시방의 모든 국토 진동시키니

궁전과 산과 강이 다 흔들리지만

중생들을 조금도 놀라게 하지 않도다.

부처님이 성도하시고 이와 같은 등의 법륜을 굴리어 시방의 모든 국토를 진동시키니 궁전과 산과 강이 다 흔들렸다는 것은 무수한 사람들이 크게 감동받아 기존의 생각과 인생관과 가치관이 모두 뒤바뀐 것을 의미한다.

2) 육바라밀과 대치법對治法

여 래 보 연 광 대 음　　　　수 기 근 욕 개 영 해
如來普演廣大音하사　　　隨其根欲皆令解하야

실 사 발 심 제 혹 구　　　　이 불 미 시 생 심 념
悉使發心除惑垢나　　　而佛未始生心念이로다

여래께서 광대한 법음을 널리 연설하여

근성과 욕망을 따라 다 이해하게 하며

모두 발심하여 의혹을 제하게 하시지만

부처님은 처음부터 마음 낸 적 없도다.

혹 문 시 계 인 정 진　　선 정 반 야 방 편 지
或聞施戒忍精進과　　**禪定般若方便智**하며

혹 문 자 비 급 희 사　　종 종 음 사 각 차 별
或聞慈悲及喜捨에　　**種種音辭各差別**이로다

혹은 보시와 지계와 인욕과 정진과

선정과 반야와 방편과 지혜를 들으며

혹은 자비희사慈悲喜捨의

가지가지 법음의 말씀이 각각 차별함을 듣도다.

　육바라밀과 십바라밀과 사무량심과 사섭법 등은 대승보
살불교에서 항상 설하는 법음이다. 만약 여러 가지라서 번
거롭다면 육바라밀만 설하고 실천해도 훌륭하다. 육바라밀
도 번거롭다면 보시 한 가지만 설하고 실천해도 그 또한 훌

류하다.

　　　혹 문 사 념 사 정 근　　　　신 족 근 력 급 각 도
　　　或聞四念四正勤과　　**神足根力及覺道**와

　　　제 념 신 통 지 관 등　　　　무 량 방 편 제 법 문
　　　諸念神通止觀等과　　**無量方便諸法門**이로다

혹은 네 가지 생각함과 네 가지 정근과

사신족과 오근과 오력과 칠각지와 팔정도와

모든 생각과 신통과 지止와 관觀과

한량없는 방편의 모든 법문을 듣도다.

　초기 근본불교에서 많이 설하는 삼십칠도품三十七道品을
들었다. 삼십칠도품은 또는 삼십칠조도품三十七助道品이라고
도 하는데 초기불교에서 열반의 이상경理想境에 나아가기 위
하여 닦는 도행道行의 종류이다. 4념처念處 · 4정근正勤 · 4여
의족如意足 · 5근根 · 5력力 · 7각분覺分 · 8정도분正道分을 말한
다. 이것이 모두 번뇌를 대치對治하는 법이다.

　지止와 관觀은 정定과 혜慧를 닦는 두 가지 법이다. 불교의

중요한 수도 방법이다. 지는 정지停止라는 뜻이니 마음을 고요히 거두어 망념을 쉬고 한 곳에 집중하는 것이다. 관은 관달觀達이니 지혜를 일으켜 관조하여 진여에 계합하는 것이다. 이 둘은 서로 떨어질 수 없는 일대一對의 법이어서, 두 법이 서로 의지하고 도와서 해탈의 중요한 길을 이루므로 지관법이라 한다.

3) 일음一音으로 종류를 따라 법을 설하다

용 신 팔 부 인 비 인　　범 석 호 세 제 천 중
龍神八部人非人과　　梵釋護世諸天衆을

불 이 일 음 위 설 법　　수 기 품 류 개 영 해
佛以一音爲說法하사　　隨其品類皆令解로다

용과 신과 팔부중과 사람과 사람 아님과
범천과 제석과 사천왕의 하늘무리들
부처님이 한 음성으로 법을 설하여
그들의 종류를 따라 다 알게 하도다.

일음一音이란 일음교一音敎이다. 부처님은 항상 한 가지 음

성으로 설법할 뿐이지만 불교에 대승大乘·소승과 돈교頓教·점교漸教의 구별이 있는 것은 법을 듣는 중생의 근기에 지혜롭거나 지혜롭지 못한 차별이 있어 각기 견해를 달리하여 받아들이기 때문이라는 주장이다. 그래서 용과 신과 팔부 중과 사람과 사람 아닌 대중들도 그 종류를 따라 다 알게 한다.

팔부八部란 팔부대중이다. 또는 팔부귀중八部鬼中이라고도 하는데 사천왕에 딸려 있는 8류類의 귀신이다. 지국천에 딸린 건달바·비사사, 증장천에 딸린 구반다·폐례다, 광목천에 딸린 나가·부단나, 다문천에 딸린 야차·나찰을 말한다.

약 유 탐 욕 진 에 치
若有貪欲瞋恚癡와

분 부 간 질 급 교 첨
忿覆慳嫉及憍諂과

팔 만 사 천 번 뇌 이
八萬四千煩惱異라도

개 령 문 설 피 치 법
皆令聞說彼治法이로다

만약 탐욕 많고 성내고 어리석고

분하고 가리고 아끼고 질투하고 교만하고 아첨하고

팔만사천 번뇌가 각각 다를지라도

제각기 다스리는 법을 설해 듣게 하도다.

약 미 구 수 백 정 법　　영 기 문 설 십 계 행
若未具修白淨法이면　　**令其聞說十戒行**하며

이 능 보 시 조 복 인　　영 문 적 멸 열 반 음
已能布施調伏人이면　　**令聞寂滅涅槃音**이로다

만약 회고 깨끗한 법 닦지 못한 이는

열 가지 계행 말해 듣게 하시고

이미 능히 보시하며 조복한 이는

고요한 열반 법문 듣게 하도다.

　탐욕과 성냄과 어리석음이라는 삼독이 근본이 되어 분하고 가리고 아끼고 질투하고 교만하고 아첨하는 등 팔만사천 종류의 번뇌를 일으키는 것이 중생이다. 그 번뇌를 대치하는 방법으로써는 열 가지 계행과 보시와 마음을 조복하는 것이다. 열 가지 계행이란 보살이 지니는 10종정계淨戒로서 보요익普饒益·불수不受·부주不住·무회한無悔恨·무위쟁

無違諍·불손뇌不損惱·무잡예無雜穢·무탐구無貪求·무과실無過
失·무훼범계無毀犯戒이다.

약 인 지 열 무 자 민　　　염 오 생 사 자 구 리
若人志劣無慈愍하야　　厭惡生死自求離하면

영 기 문 설 삼 탈 문　　　사 득 출 고 열 반 락
令其聞說三脫門하야　　使得出苦涅槃樂이로다

만약 어떤 사람이 용렬하고 자비가 없어

생사를 싫어하고 스스로 떠나려 하면

세 가지 해탈법문 설하여 들려줘서

괴로움 없는 열반락을 얻게 하도다.

약 유 자 성 소 제 욕　　　염 배 삼 유 구 적 정
若有自性少諸欲하야　　厭背三有求寂靜이면

영 기 문 설 제 연 기　　　의 독 각 승 이 출 리
令其聞說諸緣起하야　　依獨覺乘而出離로다

만약 어떤 사람 자성이 욕심이 적어

세 세계를 등지고 적정을 구하면

인연으로 생기는 법 듣게 하여서

독각승을 의지하여 여의게 하도다.

약유 청정 광대 심　　　구족 시계 제공덕
若有淸淨廣大心으로　　**具足施戒諸功德**하야

친근 여래 구자 민　　　영기 문설 대승음
親近如來具慈愍이면　　**令其聞說大乘音**이로다

만약 어떤 사람 청정하고 광대한 마음으로

보시와 계율 모든 공덕 갖추어 행하며

여래를 친근하여 자비한 이는

대승법大乘法을 말하여 듣게 하도다.

혹유 국토 문일 승　　　혹이 혹삼 혹사 오
或有國土聞一乘하며　　**或二或三或四五**로

여시 내지 무유 량　　　실시 여래 방편 력
如是乃至無有量하니　　**悉是如來方便力**이로다

혹 어떠한 국토에선 일승법一乘法 듣고

혹 이승과 삼승이며 사승, 오승과,

이와 같이 내지 한량없는 승乘을 듣게 하나니
이런 것이 모두 다 여래의 방편의 힘이로다.

부처님은 일음一音으로 종류를 따라 법을 연설하는데 온
갖 차원의 법으로 듣는다. 그것을 승乘, 즉 중생이 수레를 탈
때의 탈 것이라고 표현한다. 흔히 성문승과 연각승과 보살
승과 일불승으로 나누어서 설하지만 실은 근기와 수준에 따
라 한량없는 승이 있을 수 있다. 그것은 곧 여래의 방편의 힘
이다.

4) 말의 업이 두루 하여 걸림이 없다

열 반 적 정 미 증 이   지 행 승 열 유 차 별
涅槃寂靜未曾異나   智行勝劣有差別하니

비 여 허 공 체 성 일   조 비 원 근 각 부 동
譬如虛空體性一이나   鳥飛遠近各不同이로다

열반의 고요함은 다르지 않으나
지혜의 행行은 수승하고 하열한 차별이 있나니
비유하면 마치 허공의 성품은 하나이지만

나는 새는 멀고 가까움이 같지 않음과 같도다.

불 체 음 성 역 여 시
佛體音聲亦如是하사

보 변 일 체 허 공 계
普徧一切虛空界나

수 제 중 생 심 지 수
隨諸衆生心智殊하야

소 문 소 견 각 차 별
所聞所見各差別이로다

부처님의 음성도 그와 같아서

일체 허공계에 두루 하거든

모든 중생들의 마음과 지혜의 다름을 따라

듣는 바와 보는 바가 각각 다르도다.

불 이 과 거 수 제 행
佛以過去修諸行으로

능 수 소 락 연 묘 음
能隨所樂演妙音하사대

무 심 계 념 차 여 피
無心計念此與彼하야

아 위 수 설 수 불 설
我爲誰說誰不說이리오

부처님이 지난 세월 모든 행 닦고

좋아하는 바를 따라 법[妙音]을 연설하나

이것저것 계교計較하는 마음 없나니

누구에게는 말하고 누구에겐 안 하겠는가.

여래 면 문 방 대 광　　　　구 족 팔 만 사 천 수
如來面門放大光하사　　**具足八萬四千數**하시니

소 설 법 문 역 여 시　　　　보 조 세 계 제 번 뇌
所說法門亦如是하야　　**普照世界除煩惱**로다

여래의 얼굴에서 큰 광명 놓아

팔만사천 가지가 구족하시니

말씀하는 법문도 그와 같아서

세계에 두루 비춰 번뇌 없애도다.

(17) 수기授記의 공덕

구 족 청 정 공 덕 지　　　　이 상 수 순 삼 세 간
具足淸淨功德智하사　　**而常隨順三世間**하시니

비 여 허 공 무 염 착　　　　위 중 생 고 이 출 현
譬如虛空無染着이나　　**爲衆生故而出現**이로다

청정한 공덕과 지혜 다 갖추고

세 가지 세간을 항상 따르나

비유하면 허공이 물들지 않듯

중생을 위하여 출현하도다.

세 가지 세간이란 삼종세간三種世間을 말한다. ① 기세간 器世間은 우리가 살고 있는 국토이다. ② 중생세간衆生世間은 부처님을 제외한 다른 일체 중생들이다. ③ 지정각세간智正 覺世間은 모든 부처님들을 말한다. 부처님은 이 세 가지 세간 에 두루 나타나지만 그것에 물들지 않는다.

시 유 생 로 병 사 고
示有生老病死苦하며

역 시 주 수 처 어 세
亦示住壽處於世하시니

수 순 세 간 여 시 현
雖順世間如是現이나

체 성 청 정 동 허 공
體性淸淨同虛空이로다

나고 늙고 병들고 죽는 괴로움 보이며

세상에서 장수함도 보이시나니

비록 세간을 따라서 이와 같이 나타내시나

자체 성품은 청정하여 허공과 같도다.

일 체 국 토 무 유 변　　　중 생 근 욕 역 무 량
一切國土無有邊하며　　　衆生根欲亦無量이어늘

여 래 지 안 개 명 견　　　수 소 응 화 시 불 도
如來智眼皆明見하사　　　隨所應化示佛道로다

일체의 국토는 끝난 데 없고

중생의 근성 욕망 한량없으나

여래의 지혜 눈이 다 분명히 보고

교화할 정도를 따라 불도佛道를 보이도다.

부처님은 중생들이 나고 늙고 병들고 죽는 괴로움을 경험하듯이 다 따라 경험하지만 자체의 성품이 텅 비어 청정한 것이 마치 허공과 같다. 국토도 끝이 없고 중생들의 욕망도 한량이 없으나 여래의 지혜 눈은 다 분명히 보아 교화할 정도를 따라 불도를 다 보인다.

(18) 수용신受用身과 변화신變化身의 공덕

구 경 허 공 시 방 계　　　소 유 인 천 대 중 중
究竟虛空十方界하야　　　所有人天大衆中에

수 기 형 상 각 부 동　　　불 현 기 신 역 여 시
隨其形相各不同하야　　**佛現其身亦如是**로다

허공계와 시방세계 저 끝까지

거기 있는 천신 인간 많은 대중들

그들의 생김새가 같지 않거든

부처님이 몸 나타내심도 그와 같도다.

약 재 사 문 대 중 회　　　체 제 수 발 복 가 사
若在沙門大衆會면　　**剃除鬚髮服袈裟**하며

집 지 의 발 호 제 근　　　영 기 환 희 식 번 뇌
執持衣鉢護諸根하사　　**令其歡喜息煩惱**로다

만약 사문들의 모임 속에 있을 적에는

머리와 수염 깎고 가사도 입고

의발衣鉢을 지니어 모든 감관 보호하면

그들이 환희하여 번뇌를 쉬도다.

약 시 친 근 바 라 문　　　즉 위 시 현 이 수 신
若時親近婆羅門이면　　**卽爲示現羸瘦身**이

집 장 지 병 항 결 정　　구 족 지 혜 교 담 설
執杖持甁恒潔淨하야　**具足智慧巧談說**이로다

어떤 때에 바라문을 친근할 적에

그들 위해 여윈 몸 나타내 보여

지팡이와 물병 들고 항상 정결하여

지혜를 구족하여 변론을 잘하도다.

토 고 납 신 자 충 포　　흡 풍 음 로 무 이 식
吐故納新自充飽하며　**吸風飲露無異食**하며

약 좌 약 립 부 동 요　　현 사 고 행 최 이 도
若坐若立不動搖하야　**現斯苦行摧異道**로다

옛것은 뱉고 새것은 삼켜 저절로 배를 채우고

바람 먹고 이슬 마셔 다른 음식 먹지 않으며

앉았거나 섰거나 동요하지 않나니

이러한 고행으로 외도들을 굴복시키도다.

　부처님의 몸은 우주법계에 충만하여 없는 곳이 없고 삼
세에 충만하여 없는 시간이 없다. 모든 시간과 모든 공간에서 모든 모습을 다 나타내 보이는 것이 여래의 법신이다. 그래서 혹은 머리와 수염 깎고 가사도 입고 의발衣鉢을 지니며 모든 감관을 보호하는 사문의 모습을 보이기도 한다. 혹은 여윈 몸으로 지팡이와 물병 들고 항상 정결한 모습으로 지혜를 구족하여 변론을 잘하는 바라문이 되기도 한다. 그러나 종족이 바라문이 되는 것이 아니라 그 모습과 그 행이 바라문인 것이다.

(19) 일체 의혹을 다 끊은 공덕

혹 지 피 계 위 세 사
或持彼戒爲世師하야

선 달 의 방 등 제 론
善達醫方等諸論하며

서 수 천 문 지 중 상
書數天文地衆相과

급 신 휴 구 무 불 료
及身休咎無不了로다

혹 계행을 가져 세상의 스승도 되고
의학醫學과 온갖 이론 잘 통달하며
글씨나 수학이나 천문과 지리와
신체의 길흉화복 모두 잘 알도다.

부처님은 중생들을 교화하기 위해서 필요하다면 의학에도 통달하여 사람들 몸의 병을 고치고, 글씨나 수학이나 천문이나 지리나 신체의 길흉화복을 보는 관상에도 통달하여 방편을 쓴다.

심 입 제 선 급 해 탈
深入諸禪及解脫과

삼 매 신 통 지 혜 행
三昧神通智慧行하사대

언 담 풍 영 공 희 희
言談諷詠共嬉戱하야

방 편 개 령 주 불 도
方便皆令住佛道로다

모든 선정과 해탈에 깊이 들었고
삼매와 신통변화 지혜 행하며
말 잘하고 시 잘 읊고 놀기도 잘해
방편으로 불도佛道에 머물게 하도다.

때로는 선정과 해탈과 삼매와 신통변화와 지혜에도 뛰어나며, 말도 잘하고 시도 잘 읊고 놀기도 잘해서 방편으로 중생들을 불도에 머물게 한다.

(20) 갖가지 행을 행하는 공덕

혹 현 상 복 이 엄 신
或現上服以嚴身하며

수 대 화 관 음 고 개
首戴華冠蔭高蓋하며

사 병 전 후 공 위 요
四兵前後共圍繞하야

경 중 선 위 복 소 왕
警衆宣威伏小王이로다

혹은 훌륭한 옷을 입어 몸을 장엄하고
머리에는 화관花冠 쓰고 일산日傘을 받고
네 종류 병사들이 앞뒤에서 호위하면서
군중에게 위엄 펴서 작은 왕을 굴복시키도다.

부처님이 중생을 교화하는 일이라면 무엇인들 하지 않겠는가. 네 종류의 병사들이란 전륜왕이 나다닐 때 따라다니는 병기의 네 가지를 말한다. 상병象兵·마병馬兵·거병車兵·보병步兵이 그것이다.

혹 위 청 송 단 옥 관
或爲聽訟斷獄官하야

선 해 세 간 제 법 무
善解世間諸法務하며

소 유 여 탈 개 명 심
所有與奪皆明審하야

영 기 일 체 실 흔 복
令其一切悉欣伏이로다

혹은 소송을 듣는 재판하는 법관이 되어

세간의 모든 법률 분명히 알고

잘하고 잘못한 것 모두 밝게 살피어

모든 사람 기뻐서 복종하게 하도다.

혹 작 대 신 전 필 보
或作大臣專弼輔하야

선 용 제 왕 치 정 법
善用諸王治正法하시니

시 방 이 익 개 주 변
十方利益皆周徧이나

일 체 중 생 막 요 지
一切衆生莫了知로다

혹은 대신으로서 제왕의 보필輔弼이 되어

임금의 정치하는 바른 법을 잘 활용하니

시방이 이익 얻어 두루 하지만

모든 중생들은 웬 일인지 알지 못하도다.

혹 위 속 산 제 소 왕
或爲粟散諸小王하며

혹 작 비 행 전 륜 제
或作飛行轉輪帝하사

영 제 왕 자 채 녀 중
令諸王子婇女衆으로

실 개 수 화 무 능 측
悉皆受化無能測이로다

혹은 좁쌀 같은 나라의 작은 임금도 되고
혹은 날아서 다니는 전륜왕 되어
왕자와 채녀와 모든 권속들
모두 다 교화받아 측량할 수 없도다.

부처님이 무수한 중생을 제도하는 데 정법正法이라는 한 가지만을 가지고 할 수는 없다. 때로는 세상의 법을 잘 아는 법관이 되어 판사와 변호사의 역할을 하기도 하고, 대신이 되어 임금을 보필하기도 한다. 혹은 작은 나라의 임금도 되고, 또는 날아다니는 전륜왕이 되어 왕자와 채녀와 모든 권속들을 교화하기도 한다.

혹 작 호 세 사 천 왕
或作護世四天王하야
통 영 제 룡 야 차 등
統領諸龍夜叉等하사

위 기 중 회 이 설 법
爲其衆會而說法하야
일 체 개 령 대 흔 경
一切皆令大欣慶이로다

혹은 세상을 보호하는 사천왕 되어
여러 용과 야차들을 통솔도 하고

그들의 대중들에게 법을 연설하여

모두들 기뻐하며 복되게 하도다.

혹 위 도 리 대 천 왕
或爲忉利大天王하야

주 선 법 당 환 희 원
住善法堂歡喜園하사

수 대 화 관 설 묘 법
首戴華冠說妙法하시니

제 천 근 앙 막 능 측
諸天覲仰莫能測이로다

혹은 도리천의 천왕이 되어

선법당善法堂 환희원歡喜園에 머무르면서

머리에 화관 쓰고 묘법을 설하시니

모든 천신들이 쳐다보고도 측량 못하도다.

혹 주 야 마 도 솔 천
或住夜摩兜率天과

화 락 자 재 마 왕 소
化樂自在魔王所하사

거 처 마 니 보 궁 전
居處摩尼寶宮殿하야

설 진 실 행 영 조 복
說眞實行令調伏이로다

혹은 야마천, 도솔천에도 머물고

화락천, 자재천과 마왕魔王의 처소에 머물며

마니보배 궁전에 거처하면서

진실한 행行을 말하여 조복하게 하도다.

혹 지 범 천 중 회 중　　　설 사 무 량 제 선 도
或至梵天衆會中하사　說四無量諸禪道하야

보 령 환 희 변 사 거　　　이 막 지 기 왕 래 상
普令歡喜便捨去하사대　而莫知其往來相이로다

혹은 범천梵天들이 모인 데 가기도 하여

네 가지 한량없는 마음과 선정을 말하며

환희케 하여 곧 떠나가게 하지만

오고 가는 형상을 알지 못하도다.

혹 지 아 가 니 타 천　　　위 설 각 분 제 보 화
或至阿迦尼吒天하사　爲說覺分諸寶華와

급 여 무 량 성 공 덕　　　연 후 사 거 무 지 자
及餘無量聖功德하시고　然後捨去無知者로다

혹은 아가니타 하늘에 이르러서는

깨달음의 부분인 온갖 보배 꽃들과

한량없는 성스러운 공덕을 설하여 주고

그런 뒤에 떠나도 아는 이 없도다.

부처님은 때로는 갖가지 천왕이 되어 인연 따라 권속들
을 교화한다. 사천왕과 도리천왕이 되거나 야마천과 도솔
천과 화락천과 자재천과 마왕魔王 등의 처소에 머물며 그들
을 교화한다.

(21) 걸림 없는 지혜로 중생을 교화하는 공덕

여 래 무 애 지 소 견　　기 중 일 체 제 중 생
如來無礙智所見인　　其中一切諸衆生을

실 이 무 변 방 편 문　　종 종 교 화 영 성 취
悉以無邊方便門으로　種種教化令成就로다

여래의 걸림 없는 지혜로 보는

그 가운데 살고 있는 일체 모든 중생들

모두 다 그지없는 방편문으로

갖가지로 교화하여 성취하게 하도다.

(22) 수승한 이해를 나타내는 공덕

비 여 환 사 선 환 술　　　　현 작 종 종 제 환 사
譬如幻師善幻術에　　**現作種種諸幻事**인달하야

불 화 중 생 역 여 시　　　　위 기 시 현 종 종 신
佛化衆生亦如是하사　　**爲其示現種種身**이로다

비유하면 요술쟁이가 이상한 요술을 부려

여러 가지 환술을 만들어 내듯

부처님이 중생을 교화함도 그와 같아서

그들에게 여러 가지 몸을 보이도다.

비 여 정 월 재 허 공　　　　영 세 중 생 견 증 감
譬如淨月在虛空에　　**令世衆生見增減**하며

일 체 하 지 현 영 상　　　　소 유 성 수 탈 광 색
一切河池現影像에　　**所有星宿奪光色**인달하야

비유컨대 밝은 달 허공에 있어

세상 중생들이 커지고 작아짐을 보게 되거든

수많은 강과 못에 영상이 비쳐

크고 작은 별들의 빛을 뺏어 버리듯

여래 지 월 출 세 간
如來智月出世間에

역 이 방 편 시 증 감
亦以方便示增減하며

보 살 심 수 현 기 영
菩薩心水現其影에

성 문 성 수 무 광 색
聲聞星宿無光色이로다

여래의 지혜 달도 세간에 떠서

방편으로 더하고 감함을 보여 주는데

보살의 마음 물엔 영상을 나타내지만

성문들의 별빛은 광명 없도다.

비 여 대 해 보 충 만
譬如大海寶充滿에

청 정 무 탁 무 유 량
淸淨無濁無有量이라

사 주 소 유 제 중 생
四洲所有諸衆生이

일 체 어 중 현 기 상
一切於中現其像인달하야

비유컨대 큰 바다에 보배가 가득하며

청정하여 흐리지 않고 한량없거든

사주四洲세계 있는 바의 모든 중생이

모두 다 그 가운데 영상이 나타나나니

불 신 공 덕 해 역 이
佛身功德海亦爾하야
무 구 무 탁 무 변 제
無垢無濁無邊際하사

내 지 법 계 제 중 생
乃至法界諸衆生이
미 불 어 중 현 기 영
靡不於中現其影이로다

부처님 몸의 공덕 바다도 그와 같아서

때 없고 흐리지 않고 끝이 없어서

법계에 살고 있는 모든 중생들

형상이 그 가운데 나타나지 않는 것 없도다.

부처님의 몸이 세상에 나타나서 중생들의 근기에 맞춰서
교화하는 모습을 비유로 설명하여 밝혔다. 요술쟁이가 이
상한 요술을 부리는 것과도 같고, 밝은 달이 허공에서 비추
는 것과도 같고, 큰 바다에 보배가 가득한 것과도 같다. 그
렇더라도 부처님 공덕의 몸은 다 설명할 길이 없다.

(23) 중생들을 조복하는 공덕

비 여 정 일 방 천 광
譬如淨日放千光에
부 동 본 처 조 시 방
不動本處照十方인달하야

불 일 광 명 역 여 시 　　　　무 거 무 래 제 세 암
佛日光明亦如是하사　　**無去無來除世暗**이로다

비유컨대 밝은 해가 일천 광명 놓으면

본고장 떠나지 않고 시방을 비추듯이

부처님 해 광명도 그와 같아서

가고 옴이 없어도 세상 어둠 없애도다.

부처님의 위대하심을 비유할 때 일천 개의 태양이 동시에
떠서 세상을 비추는 것과 같다고 한다. 어찌 일천 개의 태양
에 비유하겠는가. 설사 태양이 일천 개라 하더라도 태양은
지기도 하고 그늘도 있지만 부처님의 태양은 지지도 않고
그늘도 없다.

비 여 용 왕 강 대 우 　　　　부 종 신 출 급 심 출
譬如龍王降大雨에　　**不從身出及心出**호대

이 능 점 흡 실 주 변 　　　　척 제 염 열 사 청 량
而能霑洽悉周徧하야　　**滌除炎熱使淸凉**인달하야

비유컨대 용왕이 큰 비를 내릴 때

몸에서나 마음에서 내지 않지만

넓은 땅을 두루 적셔 흡족하게 하고

찌는 더위 씻어서 서늘하게 하듯이

여 래 법 우 역 부 연
如來法雨亦復然하사

부 종 어 불 신 심 출
不從於佛身心出호대

이 능 개 오 일 체 중
而能開悟一切衆하야

보 사 멸 제 삼 독 화
普使滅除三毒火로다

부처님의 법 비도 그와 같아서

부처님의 몸과 마음에서 내지 않지만

일체 중생을 깨우쳐 주어

능히 삼독三毒의 불을 소멸하도다.

부처님이 법을 설하여 일체 중생을 깨우치며 삼독의 불길을 모두 다 소멸한다는 내용을 용왕이 큰 비를 내릴 때 몸에서나 마음에서 내는 것이 아니지만 넓은 땅을 두루 적셔서 흡족하게 하고 찌는 더위를 씻어서 서늘하게 하듯이 한다는 비유는 참으로 실감나는 아름다운 표현이다.

(24) 청정한 법신의 공덕

여래 청정 묘법신　　　일체 삼계 무륜 필
如來淸淨妙法身이　　一切三界無倫匹하사

이 출 세 간 언 어 도　　기 성 비 유 비 무 고
以出世間言語道하시니　其性非有非無故로다

여래의 청정하고 미묘한 법신이

일체 삼계에서 짝할 이 없으며

세간의 말로써는 형용할 수 없으니

그 성품 있지도 않고 없지도 않은 까닭이로다.

수 무 소 의 무 부 주　　수 무 부 지 이 불 거
雖無所依無不住하며　雖無不至而不去호미

여 공 중 화 몽 소 견　　당 어 불 체 여 시 관
如空中畵夢所見하니　當於佛體如是觀이어다

비록 의지한 데 없으나 어디에나 다 있고

비록 이르지 않는 데가 없으나 가지 않나니

허공에 그린 그림과 꿈에 본 사물과 같이

마땅히 부처님의 본체도 이와 같이 볼지어다.

부처님의 청정하고 미묘한 법신의 공덕은 아무리 설명하더라도 다할 수 없다. 이 세상 그 무엇으로도 비교할 수 없다. 언어의 길이 끊어지고 마음으로 생각할 수 없는 경지이다. 군이 비유하자면 허공에다 마음대로 그린 그림과도 같고 꿈에서 본 세상과도 같다.

법신송法身頌이라 하여 널리 알려진 게송이 있다.

보화비진요망연報化非眞了妄緣

법신청정광무변法身淸淨廣無邊

천강유수천강월千江有水千江月

만리무운만리천萬里無雲萬里天

보신과 화신이 진실이 아닌 거짓 인연임을 깨달으면

법신의 청정하고 광대하여 끝이 없음을 보리라.

천 개의 강마다 물이 있으면 달은 천 강마다 떠오르고

만 리萬里에 구름이 없으면 만 리가 청정한 하늘이로다.

(25) 수승한 이해로 나타낸 불국토 공덕

삼 계 유 무 일 체 법	불 능 여 불 위 비 유
三界有無一切法이	不能與佛爲譬喩니

비 여 산 림 조 수 등	무 유 의 공 이 주 자
譬如山林鳥獸等이	無有依空而住者로다

삼계에 있고 없는 모든 법들을

능히 부처님께 비유할 수는 없나니

비유하면 산림 속에 살고 있는 새와 짐승들

허공을 의지하여 사는 이가 없도다.

(26) 삼종불신三種佛身의 한없는 공덕

대 해 마 니 무 량 색	불 신 차 별 역 부 연
大海摩尼無量色이라	佛身差別亦復然이니

여 래 비 색 비 비 색	수 응 이 현 무 소 주
如來非色非非色일새	隨應而現無所住로다

큰 바다 속의 마니보배 한량없는 색깔

부처님 몸이 차별함도 그와 같아서

여래는 빛 아니고 빛 아님도 아니니

응함을 따라 나타나고 머무는 바 없도다.

삼종불신三種佛身이란 불신을 그 성질상으로 보아 셋으로 나눈 것이다. 법신法身·보신報身·응신應身이다. ① 법신은 법은 영겁토록 변치 않는 만유의 본체이며 신은 적취積聚의 뜻으로 본체에 인격적 의의意義를 붙여 법신이라 하니, 빛깔도 형상도 없는 이불理佛이다. ② 보신은 인因에 따라서 나타난 불신이다. 아미타불과 같은 경우이다. 곧 보살위菩薩位의 어려운 수행을 견디고 정진 노력한 결과로 얻은 영구성이 있는 유형有形의 불신이다. ③ 응신은 보신불을 보지 못하는 이를 제도하기 위하여 나타나는 불신이다. 역사적 존재를 인정하는 석가모니와 같은 경우이다.

마치 큰 바다에 있는 마니보배가 한량없는 색깔이 있는 것처럼 부처님의 몸이 차별함도 그와 같아서 여래는 빛도 아니고 빛이 아님도 아니지만 응함을 따라 여러 가지로 나타나고 일정한 곳에 머무는 바는 없다.

(27) 진여와 실제와 열반의 공덕

허 공 진 여 급 실 제
盧空眞如及實際와

열 반 법 성 적 멸 등
涅槃法性寂滅等이여

유 유 어 시 진 실 법　　　　가 이 현 시 어 여 래
唯有如是眞實法하야　　**可以顯示於如來**로다

허공이나 진여나 실제實際이거나

열반과 법의 성품 적멸寂滅한 것들

오직 이와 같이 진실한 법만

여래를 드러내어 보일 수 있도다.

　부처님은 진여와 실제와 열반의 공덕을 다 갖추고 있다. 진여眞如란 궁극적으로 추구해야 할 대승불교의 이상이다. 우주만유에 보편한 상주불변하는 본체이다. 이것은 우리의 생각이나 개념으로 미칠 수 없는 진실한 경계이다. 오직 성품을 증득한 이라야 알 수 있는 것이며, 거짓이 아닌 진실이란 뜻과 변천하지 않는 여상如常하다는 뜻으로 진여라 한다. 또 경전과 논에서는 진여의 다른 이름으로 법계法界·법성法性·평등성平等性·실제實際·허공계虛空界·부사의계不思議界·무상無相·승의勝義·실상묘유實相妙有·여여如如·불성佛性·여래장如來藏·중도中道·제일의제第一義諦 등을 말하기도 한다.

　실제實際는 진여법성眞如法性이다. 이는 온갖 법의 끝이 되

는 곳이므로 실제라 하며, 또 진여의 실리實理를 증득하여 그 궁극窮極에 이르므로 이렇게 이른다.

열반涅槃은 불교의 최고 이상이다. 니원泥洹·열반나涅槃那라 음역한다. 멸멸·적멸寂滅·멸도滅度·원적圓寂이라 번역한다. 또는 무위無爲·무작無作·무생無生이라고도 번역한다. 모든 번뇌의 속박에서 해탈하고, 진리를 궁구하여 미迷한 생사를 초월해서 불생불멸不生不滅의 법을 체득한 경지이다. 소승불교에서는 몸과 마음이 모두 없어지는 것을 이상으로 하므로, 심신이 있고 없음에 따라 유여의有餘依열반과 무여의無餘依열반의 2종 열반을 세우고, 대승에서는 적극적으로 3덕德과 4덕을 갖춘 열반을 말하며, 실상實相·진여眞如와 같은 뜻으로 본체本體 혹은 실재實在의 의미로도 쓴다.

(28) 다함없는 공덕을 모두 맺다

찰 진 심 념 가 수 지
刹塵心念可數知하고

대 해 중 수 가 음 진
大海中水可飮盡하며

허 공 가 량 풍 가 계
虛空可量風可繫라도

무 능 진 설 불 공 덕
無能盡說佛功德이로다

세계의 먼지 수 같은 마음 다 헤아려 알고
큰 바닷물까지 남김없이 다 마시고
허공을 다 헤아려 알고 바람을 얽어맬 수 있어도
부처님의 공덕은 다 설명할 수 없도다.

부처님의 공덕은 아무리 설명하더라도 다할 수 없다. 설사 아무리 많은 마음들을 다 헤아려 알고 태평양 바닷물을 다 마시는 능력이 있다 하더라도 부처님의 공덕을 다 설명하지는 못한다. 또한 설사 허공이 얼마인지 헤아려 알고, 스쳐가는 바람을 손으로 휘어잡는 능력이 있다 하더라도 부처님의 공덕은 다 설명하지 못한다.

약 유 문 사 공 덕 해 　　　　이 생 환 희 신 해 심
若有聞斯功德海하고　　**而生歡喜信解心**이면

여 소 칭 양 실 당 획 　　　　신 물 어 차 회 의 념
如所稱揚悉當獲하리니　**愼勿於此懷疑念**이어다

만약 이러한 공덕 바다를 누가 듣고서
환희하며 믿는 마음 내는 이들은

위에서 말한 공덕을 모두 얻게 되리니
진실로 여기에서 의심 내지 말지라.

만약 부처님의 그와 같은 공덕을 듣고 환희하는 마음과
믿고 이해하는 마음을 낸다면 그동안 길고 긴 설명의 부처
님 공덕을 반드시 얻게 될 것이다. 조금이라도 의심하지 말
아야 할 것이다.

청량스님은 화엄경을 설명하는 소疏와 초抄를 다 쓰시고
나서 마지막으로 게송을 하나 남겼다.

법성심광난사의法性深廣難思議
아이수분약개해我已隨分略開解
원사공덕동실제願斯功德同實際
보영함식증보리普令含識證菩提

법성은 깊고 넓어 불가사의한 것을
내가 이미 능력을 따라 간략히 설명하였으니
원컨대 이 공덕 실제實際와 같아져서

널리 일체 중생들로 하여금 보리를 증득하여지이다.

실차난타(實叉難陀, 652~710)스님이 번역한 80권본 화엄경은
이것으로 마치고, 이어서 81권으로 반야삼장般若三藏이 번역
한 보현행원품普賢行願品을 강설하려고 한다. 보현행원품을
빼고는 아무래도 완전한 화엄경이라고 생각하기에는 미흡
한 점이 있기 때문이다. 또한 다른 나라에서도 80권에 이어
서 보현행원품을 함께 편찬하는 경우가 많기 때문이다.

입법계품 21 끝

〈제80권 끝〉

華嚴經 構成表

分次	周次			內容	品數	會
舉果勸樂生信分 (信)	所信因果周			如來依正	世主妙嚴品 第一 如來現相品 第二 普賢三昧品 第三 世界成就品 第四 華藏世界品 第五 毘盧遮那品 第六	初
修因契果生解分 (解)	差別因果周	差別因		十信	如來名號品 第七 四聖諦品 第八 光明覺品 第九 菩薩問明品 第十 淨行品 第十一 賢首品 第十二	二
				十住	昇須彌山頂品 第十三 須彌頂上偈讚品 第十四 十住品 第十五 梵行品 第十六 初發心功德品 第十七 明法品 第十八	三
				十行	昇夜摩天宮品 第十九 夜摩天宮偈讚品 第二十 十行品 第二十一 十無盡藏品 第二十二	四
				十廻向	昇兜率天宮品 第二十三 兜率宮中偈讚品 第二十四 十廻向品 第二十五	五
				十地	十地品 第二十六	六
				等覺	十定品 第二十七 十通品 第二十八 十忍品 第二十九 阿僧祇品 第三十 如來壽量品 第三十一 菩薩住處品 第三十二	七
		差別果		妙覺	佛不思議法品 第三十三 如來十身相海品 第三十四 如來隨好光明功德品 第三十五	
	平等因果周	平等因			普賢行品 第三十六	
		平等果			如來出現品 第三十七	
托法進修成行分 (行)	成行因果周			二千行門	離世間品 第三十八	八
依人證入成德分 (證)	證入因果周			證果法門	入法界品 第三十九	九

會場	放光別	會主	入定別	說法別舉
菩提場	遮那放齒光眉間光	普賢菩薩爲會主	入毘盧藏身三昧	如來依正法
普光明殿	世尊放兩足輪光	文殊菩薩爲會主	此會不入定．信未入位故	十信法
忉利天宮	世尊放兩足指光	法慧菩薩爲會主	入無量方便三昧	十住法門
夜摩天宮	如來放兩足趺光	功德林菩薩爲會主	入菩薩善思惟三昧	十行法門
兜率天宮	如來放兩膝輪光	金剛幢菩薩爲會主	入菩薩智光三昧	十廻向法門
他化天宮	如來放眉間毫相光	金剛藏菩薩爲會主	入菩薩大智慧光明三昧	十地法門
重會普光明殿	如來放眉間口光	如來爲會主	入剎那際三昧	等妙覺法門
三會普光明殿	此會佛不放光．表行依解法依解光故	普賢菩薩爲會主	入佛華莊嚴三昧	二千行門
逝多林園	放眉間白毫光	如來善友爲會主	入獅子頻申三昧	果法門

如天 無比

1943년 영덕에서 출생하였다. 1958년 출가하여 덕흥사, 불국사, 범어사를 거쳐 1964년 해인사 강원을 졸업하고 동국역경연수원에서 수학하였다. 10여 년 선원생활을 하고 1976년 탄허스님에게 화엄경을 수학하고 전법, 이후 통도사 강주, 범어사 강주, 은해사 승가대학원장, 대한불교조계종 교육원장, 동국역경원장, 동화사 한문불전승가대학원장 등을 역임하였다. 2018년 5월에는 수행력과 지도력을 갖춘 승랍 40년 이상 되는 스님에게 품서되는 대종사 법계를 받았다.

현재 부산 문수선원 문수경전연구회에서 150여 명의 스님과 300여 명의 재가 신도들에게 화엄경을 강의하고 있다. 또한 다음 카페 '염화실'(http://cafe.daum.net/yumhwasil)을 통해 '모든 사람을 부처님으로 받들어 섬김으로써 이 땅에 평화와 행복을 가져오게 한다.'는 인불사상(人佛思想)을 펼치고 있다.

저서로『무비스님의 유마경 강설』(전 3권),『대방광불화엄경 실마리』,『무비스님의 왕복서 강설』,『무비스님이 풀어 쓴 김시습의 법성게 선해』,『법화경 법문』,『신금강경 강의』,『직지 강설』(전 2권),『법화경 강의』(전 2권),『신심명 강의』,『임제록 강설』,『대승찬 강설』,『당신은 부처님』,『사람이 부처님이다』,『이것이 간화선이다』,『무비 스님과 함께하는 불교공부』,『무비 스님의 증도가 강의』,『일곱 번의 작별인사』, 무비 스님이 가려 뽑은 명구 100선 시리즈 (전 4권) 등이 있고 편찬하고 번역한 책으로『화엄경(한글)』(전 10권),『화엄경(한문)』(전 4권),『금강경 오가해』등 이 있다.

대방광불화엄경 강설 제80권

| 초판 1쇄 발행_ 2018년 2월 9일
| 초판 2쇄 발행_ 2020년 7월 31일

| 지은이_ 여천 무비(如天 無比)
| 펴낸이_ 오세룡
| 편집_ 박성화 손미숙 김정은 김영미
| 기획_ 최은영 곽은영
| 디자인_ 고혜정 김효선 장혜정
| 홍보 마케팅_ 이주하
| 펴낸곳_ 담앤북스
    서울특별시 종로구 새문안로3길 23 경희궁의 아침 4단지 805호.
    대표전화 02)765-1251 전송 02)764-1251 전자우편 damnbooks@hanmail.net
    출판등록 제300-2011-115호.
| ISBN 979-11-6201-069-3 04220

정가 14,000원